Este libro lo regala
Manuel Cañero á su amigo Reinaldo Huth.
Córdoba 18 de Noviembre 1880

LIBRO

DE LOS HIERROS Ó MARCAS

QUE USAN LOS CRIADORES

PARA SUS GANADOS CABALLARES,

RECTIFICADOS POR FIN DEL AÑO DE 1859.

REUNIDOS POR LOS ESTABLECIMIENTOS DE REMONTA, RECOPILADOS
POR LA SUB-DIRECCION DE LOS MISMOS, Y MANDADO IMPRIMIR

POR

EL EXCMO. SR. D. JUAN ZABALA,

DIRECTOR GENERAL DE CABALLERIA.

CÓRDOBA.—1860.

IMPRENTA Y LIBRERÍA DE D. RAFAEL ARROYO,

calle Ambrosio de Morales, núm. 8.

SUB=DIRECCION
DE REMONTAS

PROVINCIA DE CÁDIZ.

CRIADORES QUE EXISTEN.

D. Pedro Gordon. . . . .

D. Juan Oronoz. . . . .

D. Francisco Lacalle. . . . . .

D. José Lacalle. . . . .

D. José Fantoni. . . . .

D. Sebastian de Morales. . . . .

D. Francisco Romero. . . . . . .

Sr. Marqués de Villamarta. . . . .

Jerez . . . . D. Juan Romero. . . . .

D. Manuel Sierra. . . . . . .

D.ª Rosario Celis. . . . . . .

D. Antonio Marquez. . . . . .

D. José Guerrero. . . . . . .

Sres. de Villavicencio. . . . . .

D. Antonio Blanco. . . . . . .

D. Vicente Escalera (viuda de). . . .

D. Manuel Gil. . . . .

D. Fernando García Perez.	. . . . .	
D. Diego Roman.	. . . .	R
D. Juan Romero.	. . . .	
D. Juan Lopez..	. . . . . .	JL
D. Joaquin Barrero.	. . . . . .	B⁰
D. Manuel Armarío.	. . . . . .	FA
Herederos de D. Joaquin Carrasco.	. .	
D. Bartolomé Romero..	. . . . .	
D. Amaro Castañeda.	. . . . .	
D. Manuel de Lara.	. . . . . .	LA
D. Sebastian Urbaneja.	. . . . .	
D. Pedro Chacon.	. . . .	5
D. Marcos Benitez.	. . . .	
D. Juan García Perez.	. . . . .	
D. Domingo Quijano.	. . . . . .	
D. Gerónimo Angulo.	. . . . . .	A
D. José Gonzalez.	. . . . . .	
D. Cristóbal Heredia.	. . . . .	
D. Manuel Romero..	. . . . . .	

Jerez

Jerez..........

Sr. Marqués de Casa Vargas. . . . .

D. Dionisio García Saenz. . . . .

D. Juan Romero Fontan. . . . . .

D.ª Isabel de Galvez. . . . . . .

D. José Estevez. . . . .

Sr. Marqués de los Alamos. . . . .

D. Jacinto del Corral. . . . . . .

D. Pedro Montenegro. . . . . . .

D. José Armarío. . . . .

D. Diego de Vega. . . . .

D. Francisco Zuleta y Orbaneja. . . .

D. Francisco Zuleta y Zuleta. . . .

D. Manuel Romero Huaro y Compañía. . .

D. Dionisio García Saenz. . . . .

D. Manuel Estevez. . . . . . .

D. Julian Ibarulo y Compañía. . . .

D. Juan Lara. . . . .

D. Diego Duran y Dominguez. . . .

D. Sebastian Carrasco. . . . . .

Jerez

D, Manuel María Ponce. . . . . . .

D. Federico Hernandez. . . . . .

Sr. Marqués del Castillo. . . . . .

D. Manuel García de la Torre. . . .

D. Francisco Pica. . . . .

D. José Bueno. . . . .

D.ª María Francisca Diaz. . . . . .

D. Manuel Palomino. . . . . . .

Vejer

D. Manuel Pacheco. . . . . . .

D. Francisco Pacheco. . . . . .

D. José Arenillas. . . . .

D. José Gallardo. . . . .

D. Manuel de Leyes. . . . . . .

D. Miguel Morillo. . . . .

D. Francisco Gallardo. . . . . .

D. Nicolás Rodriguez. . . . . .

D. Juan Castrillon. . . . . . .

D. Francisco Mora. . . . . . .

D. Francisco de Gomar. . . . . .

D. Antonio Puerta. . . . .

D. José Morales. . . . .

D. Manuel de Torres. . . . . . .

D. Pedro Lopez Reyes. . . . . .

D. José de la Vega. . . . . . .

D. Pedro Duran. . . . .

D.ª Francisca de Gomar. . . . . .

D.ª Beatriz Morillo. . . . . . .

D. José Lopez Tinoco. . . . . . .

Veger . . . . . . D. Antonio Gallardo. . . . . . .

D. Francisco Mateo. . . . . . .

D. José Guerra. . . . .

D. Gaspar Rodriguez. . . . . . .

D. Manuel Gallardo. . . . . . .

D. Joaquin Gallardo. . . . . . .

D. Francisco Guerra. . . . . . .

D. Juan Gallardo. . . . .

D.ª Dolores Gallardo. . . . . . .

D. Antonio Rodriguez. . . . . . .

Vejer . . . .

- D. Juan Rodriguez . . . .
- D. Pedro Manzorro Fernandez . . .
- D. Juan de Gomar . . . . . .
- D. Miguel Salcedo. . . . . . .
- D. Francisco de P. Arenillas. . . .
- D. Juan de Puerta. . . . . . .
- D. José Gonzalez. . . . . . .
- D. Juan Muñoz Esparragosa. . . .
- D. Francisco Lopez Gimenez. . . .
- D. Juan Camacho.. . . . . .
- D. Francisco Rodriguez. . . . . .
- D. Juan Mamorra.. . . . . . .
- D. Manuel Lobo. . . . .

Medina . . . . . .

- D. Gerónimo Enrile. . . . . .
- D. José Nuñez Mendoza. . . . .
- D. Antonio Perez Mérida. . . . .
- D. Francisco Martinez Moguel. . . .
- D. Manuel Sanchez Solís. . . . .
- D. Miguel Cantora. . . . . . .

D. Francisco de P. Perez. . . . .

D. Juan Benitez. . . . . . .

D. Juan Garcia. . . . . . .

D. Juan de la Comba. . . . .

D. José Maria Velazquez. . . . .

D. Antonio Herrera. . . . . .

D. Gonzalo Parra. . . . . . .

D. José Carreras. . . . . .

D. Fulgencio Cardeñoso. . . . .

Medina......   D. José Moya. . . . .

D. Juan Navarro. . . . . . .

D. José Cervera. . . . . . .

D.ª María Mendoza. . . . . .

D. Pedro Benitez. . . . . . .

D. Juan Madero. . . . . . .

D. Joaquin Linares. . . . . .

D.ª Juana Marchante. . . . .

D. Gabriel Sanchez. . . . . .

D. Rafael Sanchez. . . . . .

D. José María Robles. . . . . . .

D. Antonio Robles. . . . . . .

D. Cristóbal Santos. . . . . . .

D. José Benzo. . . . .

D. Sebastian Ortega y Cordero. . . .

D. Rafael Benitez. . . . .

D. Cristóbal Moguel. . . . . . .

D. José Bello. . . . .

Medina...... { D. Juan Francho. . . . .

D. Juan Gimenez. . . . . . .

D. Nicolás Ayala. . . . .

D. José Sanchez. . . . .

D. Bernardo Cosas. . . . . . .

D. Diego Cantero. . . . . . .

D. José Benitez. . . . .

D.ª Paz Benitez. . . . .

D. Pedro Nuñez. . . . .

Arcos......... { D. Ildefonso Nuñez de Prado. . . . .

D. Diego Varea. . . . .

D. Francisco de P. Silva. . . . . .

D. Blas Oliva. . . . .

D. Manuel Gimenez. . . . . . .

D. Manuel Camino. . . . . . .

D. Andrés Cabrera. . . . . . .

D. Manuel Romero y D. Manuel Vidal. .

D. Pedro y D. Francisco Moreno. . .

D. Pedro Vega. . . . .

D. José Troncoso. . . . . . .

Arcos......... Viuda de Gimenez. . . . . .

D. Andrés Cano. . . . . . .

D. Juan de Veas Luna. . . . .

D. Ramon Orellana. . . . . . .

D. José Peñalver Valiente. . . . .

D. Francisco de P. Camino. . . . .

D. Manuel Gutierrez. . . . . . .

D. Cristobal Galan. . . . . .

D. Antonio La Rosa. . . . . . .

D. Alonso Montero Vazquez. . . . .

	Herederos de Doña Ana García . .	
	D. Antonio Rodriguez.	
	D. Antonio Peña.	
Arcos	D. Diego Baeza Perez.	
	D.ª Elvira Vazquez.	
	D.ª Juana de Dios Sanchez	
	D. José Antonio Orellana. . . .	
	D. Francisco Caballero.	
	D. Manuel Maria Pueyes.	
	D. Mariano Delgado.	
	D. Pedro Perez.	
	D. Cristobal Magro.	
	D. Gerónimo Briones.	
Alcalá de los Gazules	D. Fernando Villanueva.	
	D. Juan Dalmau.	
	D. Cristobal Briones.	
	D. Antonio Velasco.	
	D. Vicente Diaz.	
	D. Gabriel Fernandez.	

D. ... Toscano García. . . . .

D. Francisco Sanchez. . . . . .

D. José Alvarez. . . . .

D. Cristobal Carrillo. . . . . .

D. Juan Vilerio. . . . .

Viuda de D. Diego Corbacho. . . .

Alcalá de los Gazules... D. José Rivas. . . . .

D. Juan Alvarez. . . . .

D. Andrés Medina. . . . . . .

D. Manuel de la Cuesta.. . . . .

D. José Lopez Barrio.. . . . . .

D. Sebastian Gil. . . . . . .

D. Cárlos Roca y Coquin. . . . .

Viuda de D. Salvador Fernandez.. . .

Conil.......... D. Juan Borrego.. . . . . . .

D. José María Borrego. . . . . .

D. Antonio Ramos. . . . . . .

D. Pedro Ramirez. . . . . . .

D. Joaquin Sanchez Palomino. . . .

Localidad	Nombre
Conil	D. José Palomino. . . . . . .
	D. Francisco Moreno. . . . .
	D. José Sanchez Dominguez. . . . .
	Herederos de D. Ántonio Amar. . . .
	D. Andrés Moreno Amar. . . . .
	D. Antonio Rodriguez. . . . .
	D. Francisco Borrego. . . . .
	D. José de Amar. . . . . .
	D.ª María Manuela Amar. . . . .
Puerto Serrano	D. Manuel Martinez. . . . . .
	D. José Barca Gomez. . . . .
Sanlucar de Barrameda	D. José Pimentel. . . . . .
	D. Tomás Pimentel. . . . . .
	D. Rafael Perez Gil. . . . . .
	D. Fernando Merjelina. . . . .
	D. Isidro Nuñez. . . . . . .
Puerto de Sta. María	D. Francisco Horlanda. . . . .
	D. Antonio Pazos. . . . . .

	D. Manuel Gallardo.	
	D. Francisco Atalaya.	
	D. Miguel Martinez Azpillaga. . . .	
Puerto de Sta. Maria..	D. José Martinez Azpillaga.	
	D. Nicolás Gallaza.	
	D. Baltasar Diaz García.	
	D. Guillermo Rudolf.	
Puerto Real.	D. José Teran.	
	D. José Barcas.	
	D. Francisco Martinez.	
	D. Cristobal Ortega.	
	D.ª Francisca Dominguez.	
	D. Diego de los Rios.	
Chiclana	Testamentaría de D. José Fernandez Castañeda.	
	D. Juan Galindo Serrano.	
	D. Francisco Gonzalez Obregon.. . .	
	D. Juan Lozano.	
	D. José Jimenez.	

Chiclana
- D. Diego Avecilla. . . . .
- D. Juan María Benitez. . . . . .
- D. Pedro García Pedrosa. . . . . .
- D. Francisco Tollos Montes. . . . .

Tarifa
- D. José Reynoso. . . . .
- D.ª Concepcion Nuñez. . . . . .
- D. Bartolomé Bernar. . . . . . .
- D. Ramon Villalva. . . . . . .
- D. Mateo de Campos. . . . . . .
- D. José Morales. . . . . . .
- D. Antonio Villalva. . . . . . .
- D. José Manto Lara. . . . . . .
- D. Bodrigo Lara. . . . . . .
- D. Joaquin de Arcos. . . . . .
- D. Juan de Arcos. . . . .
- D. Fernando Ceballos. . . . . . .
- Viuda de D. Antonio Lara. . . . .
- Herederos de D. Domingo Herrera. . .
- D. José Feijó. . . . .

Tarifa	D. Bernardo Bermudez Lara.	
	D. Baltasar Serrano Marin.	
	D. Diego España García.	
	D. Hiscio Araujo Manso.	
	D. Lucas Herrera.	
	D.ª Mercedes Arcos.	
Algeciras	D. Antonio Casar.	
	D. Rafael de la Torre.	
	D. Antonio Huertas.	
	D. Juan Caro Sanchez.	
	D. Juan Carrero Molina.	
	D. Juan de Flores.	
	D. Esteban Balleto.	
	D. Antonio Beirsel.	
	D. Manuel Julia.	
	Viuda de D. Francisco Vias.	
	D. Juan del Rio Perez.	
	Viuda de D. Francisco Dominguez.	
S. Roque	D. Juan Santos.	

D. Juan Mourrabé. . . . .

D. Francisco Rendon. . . . . . .

D. Vicente Morabal. . . . . . .

D. Manuel Contreras. . . . . . .

D. José Contreras. . . . .

S. Roque.... D. Joaquin Rosillo.. . . . . . .

D. José Dominguez. . . . . . .

D. Manuel Carabaca. . . . . . .

Herederos de D. Francisco Dominguez. .

D. Andrés Cano. . . . .

D. José Gomez Delgado. . . . . .

D. Francisco García. . . . . . .

D. Gabriel Villalta. . . . . . .

D. Manuel Villalta. . . . . . .

Los Barrios. D. Antonio Palacios. . . . . . .

D. Domingo Marquez. . . . . .

D. Francisco Espina Pulgar. . . . .

D. Felix Clavijo. . . . .

D. Francisco Tocon Pereino. . . . .

Los Barrios.

D. Gabriel Muñoz. . . . . . .

Herederos de D. Francisco Vazquez Orellano. . . . . . .

D. José Romero Delgado. . . . .

D. José Rodriguez Palomino. . . .

D. Lorenzo Fernandez. . . . . .

D. Nicolás Ortega. . . . . . .

D. Ramon Bustamante. . . . . .

Gimena......

D. Francisco Gollurí. . . . . . .

D. Agustin Villar. . . . . . .

D.ª Dolores Medina. . . . . . .

D. Francisco Montero. . . . . .

D. Gerónimo Delgado. . . . . .

D. Francisco Padilla . . . . . .

D. Manuel Padilla. . . . . .

D. Gonzalo Gimenez. . . . . .

D. Andrés Quirós. . . . . . .

D. Alonso Medina. . . . . . .

D. Francisco Collado. . . . . .

D. Antonio Carrasco. . . . . .

Gimena......
- D. Francisco Ramos Cano. . . . .
- D. Francisco de P. Delgado. . . . .
- D. Gregorio Herrera. . . . . . .
- D. Alonso Rodriguez. . . . . . .
- D. Miguel Pajares . . . .
- D. Francisco Montero Delgado. . . .
- D. Fernando Liñan. . . . . . .
- D.ª Clara Herrera. . . . .
- D.ª Josefa de Gallangos. . . . . .
- D.ª Isabel Sanchez. . . . . . .
- D.ª Isabel Barrancos. . . . . . .

Paterna .....
- D. Felipe Tegedor. . . . . . .
- D. Manuel Lozano. . . . .
- D. Bartolomé y D. Cristóbal Carrasco. .
- D. José Calero. . . . .
- D. Bartolomé Carrasco Moreno. . .
- D.ª María del Cármen Vergara. . . .
- D. Antonio Diaz. . . . .
- D. Cristóbal Carrasco Moreno. . . .

Paterna......
- D. Manuel Casado. . . . . . .
- D. José del Barrio. . . . . . .
- D.ª María Lozano. . . . . . .

Bornos.......
- D. Andrés Ruiz. . . . . . .
- D. Gonzalo Ortiz. . . . . . .
- D. Francisco Ortega. . . . . .
- D. José Rodriguez Ponce. . . . . .
- D. José Cano. . . . . . .
- D. Antonio Sanchez. . . . . .
- D. Andrés Ruiz Ortega. . . . . .
- D. Juan Romero Valero. . . . . .
- D Bartolomé Barra Armario. . . . .
- D. Francisco Ortiz Rodriguez. . . . .
- D.ª María Juana Ramirez. . . . . .
- D. José Soto y hermanos. . . . . .
- D. Juan Rosado Gimenez. . . . . .
- D. Manuel Rosado Gimenez. . . . .

Villamartin
- Excmo. Sr. Duque de Ahumada. . .
- D. Joaquin Pajarero. . . . . .

D.ª Ana Morales. . . . . . .

D. José Peñalver. . . . . . .

D. Fernando Romero. . . . . .

D. Francisco Romero. . . . . .

D. Pedro Fructuoso. . . . . .

D. Pedro de Castro. . . . . .

Villamartin D. Antonio Pajarero. . . . . .

D. José Lobo Alcántara. . . . .

D. Pedro Saavedra. . . . . . .

D. Pablo Retes Gonzalez. . . . .

D. Rafael Gil. . . . .

D. Alonso Morales.. . . . . .

D. Juan Bautista Lobo. . . . .

D. Cristobal Zarco.. . . . . .

Espera. D.ª Dolores Moreno. . . . . .

D. Juan Moreno. . . . . . .

Benaocaz D. Matias de Salas.. . . . . .

D. Blas Fernandez Puerto. . . .

Setenil D. Rodrigo Dominguez. . . . .

Setenil......	D. Francisco Samudio	
	D. Juan Nicolás Samudio. . . .	
	D. Pedro Samudio.	
	D. Alonso Quijada.	
Alcalá del Valle........	D. José Villalon Suarez.	
	D. Blas Barroso.	
Grazalema.	D. Gregorio Atienza.	
	D. José Benitez Chacon. . . .	
	D. Antonio Carrasco.	
	D. Sebastian Carrasco.. . . .	
	D. Francisco Gago y D. Diego Moreno.	
Olbera........	D. Gerónimo Villalba.	
	D. Miguel Carcedo.	
	D. Francisco Savino.	
	D. José Fuentes.	
	D. Antonio Gimenez.	
	D. Juan de Cueto.	
	D. Cristóbal Cazalla.	
	Herederos de D. Nicolás Cabeza. . .	

D. José Villalba Zambrano.		
D. José Colunga García.		
D. Pedro Candil Gimenez.		
Herederos de D. Antonio Ramirez.		
D. Rodrigo Bocanegra Perusa.		
D. Alonso Zambrano Villalba.		
D. Juan Bocanegra.		
Olbera	D. José Troya Toledo.	
	D. Cárlos Colunga García.	
	D. Gerónimo Troya Roldan.	
	D. Francisco Villalba Zambrano.	
	D. José de Frutos Troya.	
	D. José Gimenez Perez.	
	D. Francisco Villalba, menor.	
	D. Fernando Candil Sanchez.	
	D. Alonso Perez García.	
Rota	D. Rodrigo Martin Bejarano.	
	D. Rafael Cañas.	
	D. José Rodriguez Ruiz.	

Rota	D. Manuel Rodriguez Ruiz.	𝗠
	D. Antonio Neva.	𝗡
	D. José García de los Cántaros.	⊼
	D. Juan Bernal Benitez.	𝗛
	D. Rodrigo Bernal Benitez.	⊼
	D. Juan de Fuentes.	𝗥
	D. Martin Bejarano y D. Juan Bernal.	₿
Ubrique	D. Francisco Gago Yuste.	𝗔
	D. Fermin Bohorquez Zarco.	←₿
Algodonales	D. Gonzalo de Torres.	⋏
	D. Manuel Fernandez.	𝌆
	D. Gonzalo Merencio.	𝗠
	D. José y D. Francisco Dominguez.	ⵀ
	D. Juan Avila.	𝗔
Zahara	D. Antonio Aureoles.	𝗔
	D. Basilio María Peñalver.	𝗣
	D. Miguel Mesa Lobato.	Ϙ
	D. Benito Tardío Rodriguez.	♎
Gastor	D. Diego Salguero.	Ȣ

Torre del Aguirre...... D. Juan Casimiro Villalba. . . . . .

D. Pedro Blanco. . . . . .

Castellar.... D. Domingo Lopez. . . . . .

CRIADORES QUE HAN DEJADO DE SERLO.

D. Cayetano Rivero. . . . . . .

D.ª María Dominguez. . . . . .

D. Juan Sanchez Rodriguez. . . . .

Testamentaría de Sanchez Ubera. . .

D. Francisco Naranjo. . . . . .

D. Francisco Montenegro. . . . .

Jerez......... D. Joaquin Romero. . . . . .

D. Francisco Pelaez. . . . . .

D. José Zuleta. . . . .

D. Miguel Troya. . . . . . .

D. José Alba . . . . . .

D. Miguel Giles. . . . . .

Jerez	D. Salvador de los Rios.	
	D. Juan Rus.	
	D. Javier Herreros.	
	D. Rafael García Cardoso.	
	Sr. Marqués de Casa Ramos. . . .	
	D.ª Catalina Rodriguez.	
	D. Francisco Fernandez Armarío. . .	
	D. Luis de la Mota.	
	D. Alonso Mora.	
Veger	D. Diego Sanchez.	
	D. Pedro Alcántara Sotelo.	
	D.ª María del Cármen Aranda. . . .	
Medina	D. Rafael Marin.	
	D. Juan Cervera. . . , ...	
	D. Francisco Romero.	
Arcos	D. Juan José Zapata, traspasó su ganadería á D. Manuel Romero Huaro y compañía, que usa el mismo hierro. . .	
	D. Antonio Gago.	
	D. Miguel Morales.	

4

Alcalá de los Gazules.	D. Pedro Toscano Caballero.	
	D. José Fernandez.	
Conil	D.ª María Jacinta Lobaton.	
	D. José Lobaton Amar.	
	D. Francisco Gimenez.	
	D.ª Francisca María Lobaton. . . .	
Puerto Serrano........	D. Fernando Ramos.	
Trebugena.	D. Manuel Lerena.	
Sanlucar de Barrameda.	Viuda de Martinez.	
	D.ª María Dolores Cruz.	
	D. Eduardo Hidalgo.	
	D. Francisco Guzman.	
	D. Manuel Barbadillo.	
Puerto de Sta. María.	D. Federico Ferrer.	
Chiclana ...	D. Juan Cabeza de Vaca.	
	D. Joaquin Arroyo.	
	D. Pedro Tocino.	
	D. Narciso Castañeda.	
	D. Juan Galindo.	

	D. Cárlos Nuñez	
	D. José Nuñez.	
	D. Isidoro Araujo.	
Tarifa........	D. Ildefonso Belven.	
	D. Miguel Derqui.	
	D. Mateo Adrada.	
	D. Juan Palacios.	
	D.ª Ana del Castillo.	
	D. Angel Coleti.	
Algeciras....	D. Francisco Tapia.	
	D. Pedro Gomez.	
	D. Agustin Otero.	
	D. Cristóbal Infante.	
San Roque..	D. Antonio Lopez.	
	D. Andrés Sanchez.	
Los Barrios	D. Andrés Rodriguez Vallecillo. . . .	
	D. Lorenzo Fernandez.	
Gimena......	D. José Sanchez.	

Gimena	D. Pascual Sanchez.	
	Viuda de D. Juan Castilla.	
	D. Antonio Barranco.	
	D. José Herrera.	
	D.ª Juana Delgado.	
Bornos	D. Francisco Burgos.	
	D. Juan Victor.	
	Herederos de D. Antonio Manzano. . .	
	D. Miguel Barra.	
	D. Antonio Tambler.	
	Viuda de D. Fernando Ruiz.	
Villamartin	D. Pedro Jarava.	
	D. José Trujillo.	
	D. Cristóbal de los Rios.	
	D. José Poley.	
	D. José María de los Rios.	
Espera	D. Juan Alonso Moreno.	
	D.ª Mariana Troncoso.	

Benaocaz.... D. Juan Garcia Cabrera . . . .

Setenil....... D. Sebastian Guzman . . . .

Grazalema.. D. Juan Atienza Herrera . . . . . .

Olbera .... D. Juan de Cuenca . . . . . .

PROVINCIA DE SEVILLA.

CRIADORES QUE EXISTEN.

Algaba ......
- D. Antonio Torres Romero. . . . .
- D. Antonio Calvo Torres. . . . .
- D. Antonio Herrera Cano. . . . .
- D. Bartolomé Cano Rojas. . . . .
- D. Francisco Clavijo. . . . .
- D. Francisco Romero Estrada. . . . .
- D. Gerónimo Carranza. . . . .
- D.ª Isabel Frutos. . . . .
- D. José Miguel García. . . . .
- D. José Gomez, Pbro. . . . .
- D. José Gonzalez, Pbro. . . . .
- D. Juan Francisco Carbonell. . . . .
- D. Juan Antonio Bazan. . . . .
- D. Juan Miguel Torres. . . . .
- D. Manuel Carbonell Gil. . . . .
- D. Manuel Valenzuela. . . . .
- D. Nicolás Moreno. . . . .

Algaba	D. Pedro Alejo Herrera.	
	D. Sandalio Calvo.	
	D. Urbano Rojas. . . . . : .	
	D. Diego Carranza.	
	D. Antonio Herrera Calvo.	
	Viuda de D. Juan Carbonell.	
	D.ª Isabel de Torres.	
	D. Manuel Herrera García.	
	D.ª Concepcion Molina.	
Aznalcollar	D. Teodoro Barrera.	
	D. Joaquin Luis Moreno.	
	D.ª Josefa Moreno.	
	D. Manuel y D. Andrés Tasara. . . .	
	D. Manuel Barrera.	
	D. Pedro Simonato.	
Alcalá del Rio	D.ª Dolores Zambrano	
	D. Antonio Rull.	
	D. Juan Infantes.	

Alçalá del Rio	D. Manuel Soledad Zambrano. . . .	
	D. Juan Zambrano Romero.	
Benacazón..	D. Antonio Fernandez.	
	D. Manuel Morales.	
	D. Pedro Morales.	
Camas........	D. Francisco Romero.	
	D. Ignacio Luque.	
	D. Francisco Cibianes.	
	D. José Pollans.	
	D.ª Ana Cabello.	
Constantina	D. Críspulo de Flores.	
Gines........	Viuda de D. Antonio Palomar. . . .	
Guadalcanal	D. Ignacio Vazquez.	
	D. Juan y D. Francisco Vazquez. . .	
	D. Juan Fernandez Castilla. . . .	
Guillena.....	D. Alonso Lopez.	
	D. Francisco Arrillas.	
	D.ª Carlota Gimenez. . . . .

Guillena..... D.ª Isabel Lopez. . . . . . .

D. Antonio Llamas. . . . . . .

D. Juan Lopez. . . . . . .

Genera....... D. Antonio Diaz. . . . . . .

D. Manuel Muniz. . . . . . .

Huevar...... D.ª Josefa y D.ª María Gomez Rivera. . .

D. Manuel Prieto. . . . . . .

D.ª Josefa y D.ª Concepcion Rivera. . .

Olivares..... D. Miguel Perez. . . . . . .

D. José Gonzalez Osuna. . . . .

Pilas.......... D. Felipe Cascajo. . . . . . .

D. Francisco Catalan Garrido. . . .

D. Francisco Rodriguez Jaen. . . .

D. Jósé María Valladares . . . .

D. José Quintero Gil. . . . . .

D. Juan Manuel Cuesta. . . . .

D. Pedro Quintero. . . . . .

Sevilla....... Sra. Condesa de Torre Cuellar. . . .

5

Sr. Conde del Aguila.	
Sr. Conde de Guadaletes.	
Sr. Marqués de la Motilla. . . .	
Sr. Marqués de Gandul.	
Sr. Marqués de Casa Ramos. . . .	
D. Angel Laguna.	
D. Alejandro Linares.	
D. Diego Puig.	
D. Francisco Lesaca.	
D. Francisco Javier Andrade. . . .	
D. Francisco Morán.	
D. Fernando Bermudez. . . .	
D. Felipe de Pablo Romero. . . .	
D. Ignacio Vazquez.	
D. José María Benjumea.	
D. José Garrido.	
D. Francisco Fernandez Negrete. . .	
D. José Antonio del Valle.	
D. Joaquin Gutierrez.	

Sevilla

D. Joaquin Auñon. . . . .

D. Joaquin de Concha Sierra. . . .

D. Jacinto Martinez, menor. . . . .

D. Jacinto Martinez. . . . . . .

D. Juan Miura. . . . .

D. Juan Antonio Herrera. . . . . .

D. Manuel Martinez. . . . . . .

D. Manuel Ciria. . . . .

D. Manuel Bravo. . . . .

Sevilla . . . . D. Manuel Bonilla. . . . . . .

D. Manuel Ciguri. . . . . . .

D. Manuel Romero Valmaseda. . . .

D. Manuel Romero Valdivares. . . .

D. Miguel Mensaquez. . . . . .

D. Matias Ramos Calonge. . . . .

D. Nicolás de Hita. . . . . . .

D. Pedro Molinillo Cepero. . . . .

D. Plácido Comesaña. . . . . . .

D. Ramon Gonzalez Perez. . . . .

	D. José Pereira.	
	D. José Crespo.	
	D. José Zayas.	
	D. José Adalid.	
	D. Benito Ferrer.	
	Herederos de D. Francisco Ramos y Gomez.	
Sevilla	D. Francisco Montero.	
	D. Jorge Rodriguez Diez. . . .	
	D. Nicolás Conradi.	
	D. José Camargo.	
	D. Felix del Castillo.	
	Sr. Marqués de la Cerrezuela. . .	
	D.ª Cármen Torres.	
	D. Sebastian Montero.	
	D. Antonio María de Torres. . . .	
Umbrete	D. Ruperto García.	
	D. Francisco Ruiz Martin.	
Villamanri-que	D. Juan Diaz Vazquez.	
	D. Antonio Medina Augua.	

Villamanri-que........
- D. Antonio Diaz Angel. . . . .
- D. Manuel Diaz Solís. . . .
- D. Antonio Diaz Solís. . . . .
- D. Francisco Paula Solís Sanchez. . .
- D. José Muñoz Prieto. . . . .
- D. José Diaz Solís. . . . .
- D. Juan Mateo Diaz Solís. . . . .
- D. Antonio Romero Herrera. . . .

Castilleja de la Cuesta
- D. Francisco Rodriguez Rosales. . . .
- D. José Marín. . . . .
- D. Manuel Rosales Ortiz. . . .
- D. Rafael Gimenez. . . . .

Sanlucar la Mayor.....
- D. José de Sosa. . . . .
- D. Agustin Morales. . . . .
- D. Francisco Perez. . . .
- D. Juan Bautista Conradi. . . .
- D. Antonio Macias Marquez. . . .

Castilleja del Campo.
- D. Antonio Arenas Rivera. . . . .

D. Francisco de la Carrera. . . . . .

D. Manuel de la Carrera. . . . .

D. Vicente de Campos. . . . .

Puebla de Coria .... D. Francisco Pineda. . . . .

D. Diego de la Fuente. . . . .

D. Francisco Javier de la Fuente. . .

D. Ramon Rodriguez. . . . .

D. Mariano Suarez. . . . . .

D. Manuel Perez Sanchez. . . . .

D. Josefa Gimenez. . . . .

D. Manuel Suarez Gimenez. . . .

D. Anastasio Martin. . . . .

D. Manuel Blanco Alfaro. . . . .

Coria del Rio .... D. José María Tinas. . . . .

D. José de la Rosa. . . . .

D. Dolores Contreras. . . . .

D. Manuela Contreras. . . . .

D. Manuel Sanchez Alfaro. . . . .

D. Antonio Ronquillo . . . . .

Coria del Río	D. Dolores Peña.	
	D. Antonio Martin, hijo.	
Mairena de Aljarate ..	D. Diego Martin.	
	D. José Moreno.	
	D. Juan de Dios Farfan.	
	D. Francisco Bejarano.	
Villanueva del Ariscal.	Sra. Viuda de D. Gerónimo Marquez. .	
Val de la Encina	D. José Fernandez Valvidares. . . .	
Santiponce.	D. Juan Antonio Artillo.	
El Pedroso.	D. Manuel Lara.	
Lebrija	D. José María Vidal.	
	D. Antonio Moreno.	
	D. Antonio Sanchez Barranco. . . .	
	Sr. Marqués de San Gil.	
	D. Diego Sanchez Barranco.	
	D. Diego Soto y Tejero.	
	D. Luis García Vidal.	
	D. Francisco Cordero.	

	D. Lucas Gavala.	
	D. José García Vidal.	
	D. José Sanchez de Alba.	
	D. Juan de la Cruz Arias.	
	D. Andrés Sanchez de Alba.	
	D. Antonio Cárdenas.	
	D. Pascual Ruiz.	
	D. Antonio Cordero.	
Lebrija....	D. Antonio de Alba Casquete. . . .	
	Sra. Viuda de D. Francisco Rodriguez. .	
	D. Nicolás Charril.	
	D. Francisco Bellido.	
	D. Francisco Manuel Sanchez. . . .	
	D. Andrés Gil de Ledesma.	
	D. José Lopez Quintanilla..	
	Sra. Viuda de Jarana.	
	D. Diego Lerena.	
Las Cabe- zas............	D. Antonio Zuleta.	
	D. Luciano Sorga.	

D. Manuel Laserna. . . . .

D. Antonio Delgado. . . . .

D. Gerónimo Molina. . . . . . .

D. Pedro Cabrera. . . . .

Las Cabe-
zas . . . . D. Rafael Casanova. . . . .

D. Francisco Cabrera. . . . . . .

D. Pedro Surga. . . . .

D. Rafael Surga. . . . .

D. Manuel Hernandez Pinzon. . . .

D. Simon Candan (herederos de). . .

D. Alonso María Santos. . . . . .

D. Francisco Santos. . . . .

Coronil . . . . . . D. Rafael Candan. . . . .

D. Manuel Maza. . . . .

D. Pedro Santos. . . . .

D. Pedro Velez. . . . .

D. Alonso Romero. . . . .

Montellano D. Fernando Ramos. . . . .

D. Juan y D. Ramon Moreno. . . .

6

Montellano

D. Benito y D. Rafael Sanchez. . . . .

D. José María Auñon. . . . .

D. José Romero y D. Antonio Corbacho.

D. Cristoval Ramos. . . . . . .

D. Benito y D. Rafael Sanchez. . . .

D.ª Manuela y D.ª Concepcion Ramos.

D. Juan Corbacho Velez. . . . . .

D. Francisco Corbacho. . . . . .

D. José Corbacho Reina. . . . .

D. José Corbacho Velez. . . . . .

Moron.......

D. Diego Cruz. . . . . . .

Herederos de D. Pedro Cubero. . . .

D. Manuel Gonzalez. . . . . .

D. Francisco Lopez Sanchez. . . . .

D. Juan María Auñon. . . . . .

D. Francisco Gimenez Torres. . . .

D. José Marchante. . . . . .

D. Juan Ramos Calderon. . . . .

D. Antonio Villalon Barriga. . . .

D. Manuel Gonzalez Fierro. . . . .

D. José Fierro Isla. . . . .

D. Antonio Auñon. . . . .

D. Antonio Palomo. . . . .

D. José Cordero. . . . .

Moron . . . . . . D. Mariano Estrada. . . . .

Sr. Marqués de Sales. . . . .

D. Diego Rufranco. . . . .

D. Tomás Torres. . . . .

D. Juan Barca Luna. . . . .

D. José Gonzalez. . . . .

D. José María Sanchez. . . . .

D. Antonio Morube. . . . .

D. Antonio Crespo. . . . .

D. Antonio Morube Vaquero. . . . . . .

Los Pala-
cios . . . . D. Faustino Morube. . . . .

D. Francisco Morube. . . . .

D. Francisco Varela. . . . .

D. José Cortinas Morube. . . . .

Los Pala-
cios.........

- D. José Antonio del Valle. . . . . . .
- D. Juan José Morube. . . . . . .
- D. Juan Saldaña. . . . .
- D. Juan Begines Pompa. . . . . .
- D. Manuel Morube. . . . . . .
- D. Manuel Gomez Tirado. . . . . .
- D. Miguel Morube. . . . . . .
- D. Mateo Lopez. . . . .
- D. José Crespo. . . . .
- D. Ceferino Morube Galan. . . . . .
- D. Meliton Martinez. . . . . . .
- D. Lucas Morube la Rocha. . . . . .

Utrera........

- D. Mateo Riarola. . . . .
- D. Felipe Burgos. . . . .
- D. Fernando Solis. . . . .
- D. Francisco Perez Surga. . . . . .
- D. Francisco Orejuela. . . . . . .
- D. Francisco Cabello. . . . . . .
- D. Joaquin Giralde. . . . . . .

D. José Arias Saavedra. . . . . .

D. José Orejuela. . . . .

D. . . . Gato Duran. . . . . . .

D. Juan Sedas. . . . .

D. Manuel Deiro. . . . .

D. Miguel Aquino. . . . .

Utrera . . . . Stas. Niñas de Lesaca. . . . . .

D. Pedro Lesaca. . . . .

D. Simón Gibaja. . . . .

D. Diego Sedas. . . . .

D. Mateo Lopez. . . . .

D. Fernando Villalba. . . . . . .

D. Rafael Crespo. . . . .

D. Juan de los Rios. . . . . . .

D. José Galeazo. . . . .

D. José Mateos. . . . .

Alcalá de Guadaira . . . . D. José Miquez. . . . .

D. Manuel Otero. . . . .

D. Rodrigo Ruiz. . . . .

Ecija..........

D. José Perez Fernandez. . . . .

Sra. Viuda de D. Lorenzo Alcántara.. . .

D. Manuel Cabrero. . . . . . .

D. Cristobal Martel. . . . . . .

Sr. Marqués de la Garantia. . . . .

D. José Armesto. . . . .

D. Juan y D. Francisco Estrella. . .

D.ª Luisa Villanueva. . . . . . .

Sr. Marqués del Arenal. . . . . .

Sr. Marqués de Peñaflor. . . . . .

D. Rafael Arcos. . . . .

D. Juan Diaz. . . . .

D.ª Pilar Armero. . . . . . .

D. Antonio Diaz. . . . .

D. Manuel Diaz. . . . .

Sr. Marqués de las Cuevas. . . . .

D. Sebastian y D. José Estrella. . . .

D. Francisco y D. José Tejada. . . .

D. Agustin Diaz. . . . .

D. Manuel Dana. . . . . .

D.ª Maria Rosario Perez. . . . . .

D. Manuel Perez. . . . . .

D.ª Antonia Morales, viuda de Guerrero. . .

D. Maria Dolores Castillo. . . .

D. Salvador Ruiz. . . . . .

D. Fernando Pareja. . . . . .

Sr. Conde de Vallehermoso. . . . .

D. Luis Villavicencio. . . . . .

D. Eulalio Navallas. . . . . .

D. Juan Ramon Riego. . . . .

D. Juan Rojo. . . . . .

D. Juan Ruiz, hermanos. . . . . .

D. Pablo Hidalgo. . . . . .

D. Lorenzo Ostos. . . . . .

D. Tomás Riego. . . . . .

Herederos de D. José Henestrosa. . . .

Sra. Viuda de D. Agustin Cruzado. . . .

D. Miguel Escalera. . . . . .

Ecija . . . . . .

Ecija..........

D. Agustin Martin. . . . .

D. Santos Pintado. . . . .

D. Manuel Ostos, menor. . . . . .

D. Antonio Fernandez. . . . . . .

D. Antonio Ruiz Benitez. . . . . .

D. Francisco Morales Perez. . . . .

D.ª Ramona Galban. . . . . . .

D. Víctor Espinosa. . . . .

D. José Antonio Bernuy. . . . . .

D. José Coello. . . . .

D. Juan José Gomez. . . . . . .

D. José García de Castro Gamisa. . .

D. José García de Castro Muñoz. . .

D. Juan Armesto. . . . .

D. Antonio Martin Santos. . . . . .

D.ª María de los Dolores Bermudez. .

D. Antonio Tejada. . . . .

D.ª Inés Bonilla. . . . .

D. Manuel Perez Gomez. . . . . .

D. Manuel Aguilar. . . . . . .

D. Antonio Reyes. . . . . . .

D. José Gonzalez Burgos. . . . .

D. Agustin Martinez. . . . . .

D. Antonio Sotillo. . . . . . .

D.ª Paula y D. Juan Gil. . . . . .

Ecija. . . . . . D. Manuel Avila. . . . . . .

D. Manuel Ostos, mayor. . . . .

D. Francisco Martin. . . . . . .

D. Rafael Arcos. . . . . . .

D. Pedro Aguilar. . . . . . .

D. Joaquin del Castillo. . . . . .

D. Juan Muñoz. . . . . . .

D. Pablo Fernandez Castellano. . . .

Luisiana. . . . D. Juan Martinez Alvarez. . . . .

D. Antonio Riego. . . . . .

D. Francisco Carranza, hermanos. . .

Peñaflor. . . . . D. Antonio Copete. . . . . .

D. Pedro Ruiz. . . . . . .

7

Peñaflor.....
- D. Pedro Ruiz Cruz. . . . . .
- D. Manuel Ruiz Cruz. . . . .
- D. Antonio Coba. . . . . . .
- D. Antonio Parias. . . . . .
- D. Andrés Copete. . . . . .
- D. Pedro Nuñez. . . . . . .
- D. Rafael Melendez. . . . . .
- D. Juan del Rosal. . . . . .
- D. Alonso Rodriguez. . . . .
- D. José Méndez. . . . . . .

La Campa-na ....
- D. José Cardeñas. . . . . .
- D. Cristobal del Barco. . . .
- D.ª Catalina Ibañez. . . . .
- D. Francisco del Barco. . . .
- D. Bartolomé Dana. . . . . .
- D. Pedro Ruisa. . . . . . .
- D. Joaquin Córdoba. . . . . .
- D. Francisco Dana. . . . . .
- D. Andrés Fernandez. . . . .

La Campa-na	D. Juan Royano. . . . .
	D. José Dana. . . . .
	D. Antonio Benjumea. . . . . .
	D. Pedro Royano. . . . . . .
	D. Diego del Pozo. . . . . .
	D. Antonio del Pozo. . . . . .
	D. Romualdo Flores. . . . . .
	D. Antonio Herrera. . . . . .
	D. Pedro Oliveros. . . . . .
	D. Juan Oliveros. . . . . .
	D. Manuel Coronel y hermanos. . . .
Lora del Rio	D. Juan Bautista Quintanilla. . . .
	D. Francisco Ceballos. . . . .
	D. Antonio Cepeda y Naranjo. . . .
	D. Antonio de la Guerra. . . . .
	D. Rafael Liñan Alonso. . . . .
	D. José Felix Naranjo. . . . .
	D. Manuel Cepeda Reyna.. . . .
	D. Francisco Dana Lopera. . . .

=54=

	D. Francisco Javier Quintanilla.	☿
	D. Manuel Montalvo.	♈
	D. Manuel Fernandez.	♏
	D.ª María Lopez Acero.	
Lora del Rio.............	D. Francisco Garrido.	⌒
	D. Manuel Bohorque y D. Manuel Cepeda.	♗
	D. Crispulo de Flores.	
	D. Francisco Dana.	
	D. Antonio Reyna..	∞
	D. Rafael Guerra García.	℗
Alcolea del Rio.........	D. Juan Saldaña.	
	D. Manuel Liñan.	♄
Villanueva del Rio....	D. Manuel Naranjo.	
	D. Juan Montalvo..	♂
Tocina.......	D. Manuel Naranjo Garcia.	
	D. Juan Santaolalla.	R
	D. Manuel Rivero.	
Cantillana..	D. Bernardo Gonzalez de Lamadrid. .	ℬ
	D. José de Lamadrid.	

Cantillana..	D. Santiago Olabarrieta.	
	D. José María Sarmiento.	
	D. José Romero.	
	D. Manuel Jesus Rivas.	
	D. Juan Comesaña.	
Villaverde del Rio.......	D. José Vazquez.	
	D. Pablo Rivas.	
	D. Joaquin Rul.	
	D. Manuel Morales y Lopez. . . .	
	D. Manuel Morales Sarmiento. . . .	
	D. Francisco Ramos. . . .	
Brenes.......	D. Antonio Acosta.	
	D. Antonio Acosta.. . . .	
	D. Manuel Osuna Ramirez. . . .	
	D. Manuel Acosta Prados. . . .	
	D. Juan Andrade..	
Carmona.....	D. Domingo Zabala.	
	D. José Martinez de la Carrera. . . .	
	D. Miguel Rodriguez.	

Carmona....

D. Alonso Rodriguez Nogales. . . . .

Sra. Viuda de Cuesta é hijo. . . . .

D. José Buson. . . . .

D. Antonio Calvo y Casini. . . . .

D. Juan Caballos Montes. . . . .

D. Juan Martinez Antinez. . . . .

D. José Caballos Carbajal. . . . .

D. José Acuña. . . . .

D. Manuel Fernandez Buiza. . . . .

D. Antonio y D. Miguel Sanjuan. . . .

D. José María Romera. . . . . .

D. Manuel Valverde. . . . . . .

D. Ramon Sanjuan. . . . . . .

D. Alonso Romera. . . . . . .

D. Antonio Rueda, Marqués del Saltillo. . .

D. José Gabira y Sanchez. . . . .

D. Antonio Quintanilla. . . . . .

D. Juan y D. Miguel Sanjuan. . . . .

D. Miguel Caballos. . . . . . .

D. Juan García Ledesma. . . . . .

Sr. Marqués de las Torres. . . .

D. Vicente Sanchez Rodriguez. . . .

Herederos de D. Agustin Fernandez. .

D. Juan Sanchez Alba. . . . . .

D. José Martinez. . . . . . .

D. Antonio Sanchez Rodriguez. . . .

D. Mariano Dominguez Plata. . . .

D. José Fernandez Alvarez. . . . .

Carmona.... Sra. Viuda de D. Vicente Fernandez. .

D. Manuel Garcia Ledesma. . . . .

D.ª María de los Dolores Berrugo. . .

D. José Gomez. . . . .

D. Juan Tamariz. . . . . . .

D. Juan Bautista Muñoz. . . . .

D. José Dominguez Plata. . . . .

D. Juan Caballos Burgallal. . . . .

D. Miguel Rodriguez Caballo. . . .

D. Antonio Gonzalez Palma. . . . .

Carmona....
- D. José Fernandez Barejones. . . . .
- D. Ramon Velasco. . . . . . .
- D. Juan Marquez Arrecha. . . .
- D. Antonio Cuesta. . . . . .

Arahal ....
- D. Antonio Gimenez. . . . . .
- D. Juan Martin Espinar. . . . .
- D. Manuel de Reyna. . . . . .
- D. José de Torres y Ramirez. . . .
- D. José Zayas Sergeant. . . . .
- D. José Arquesa. . . . . .
- D. José Zayas Bohorques. . . . .
- D.ª María Torres, viuda de D. Manuel Laina.
- D. Manuel María de Torres. . . .
- D. José María Andrade. . . . .
- D. José María Brenes. . . . .
- D. José María Martin. . . . .
- D. Francisco Gimenez. . . . .
- D. Miguel Romero y hermanos. . .
- D. Cristobal de Torres. . . . .

Arahal	D. Antonio Romero Villalon.	Ψ
Paradas	D. Manuel Leño.	ŧ
	D. José María Leño.	
	D. Joaquin Bascon.	
	D. José y D. Manuel Ternero.	Ŧ.
	D. Juan y D.ª Mariana Ternero Benjumea. . . .	
	D. Antonio Ortiz.	①
	D. Ildefonso Perez de Vargas. . . .	
	D. Pedro Sanz.	⋈
	D. José Cayetano Diez de la Cortina. . .	
	D. José de la Concha. . . .	M
Marchena ..	D. Lorenzo Cortinas.	
	D. Pedro José de Torres.	Ŧ
	D. Juan Ternero y Olmo.	
	D.ª Rosa Cívico, Viuda de Ibarra. . . .	ȳ
	D. Tomás de Morales.	
	D. Baltasar Sains.	BS
	D.ª Manuela Ternero.	
	D. Antonio Lopez Olmo.	ℒ

8

D. Fernando Martinez.	
D. Juan Martinez.	
D. José Vazquez Navarro.	
D. Francisco Lorenzo Platero.	
D. Francisco Lopez Olmo.	
D.ª Pastora Conejero.	
D.ª Josefa Alvarez.	
D. Juan Fernandez.	
D. Francisco Galindo.	
D. Manuel Covano.	
D.ª Josefa Diosdado.	
D. Juan Manuel Vergara.	
D. Cárlos Montiel.	
D. Francisco de la Concha.	
D. Manuel Salvador Gallardo.	
D. José Marcos.	
D. José Rivera.	
D. Mariano Ternero Benjumea.	
D. Fernando Martinez.	

Marchena

D. Agustin Ibarra . .

D. Juan Moreno Guerra.

D. Juan del Mármol Calderon.

D.ª Josefa Garena.

D. José Peñaranda.

D. Alfonso Valdivia.

D. Antonio María Beajumea.

Puebla de Cazalla...... D. Francisco Moreno.

D. Luis María Calderon.

D. Pedro Manuel Calderon.

D. Juan de Matas Morales.

D.ª Gabriela Asensio.

D. Juan Gimenez Talavera.

D.ª María Josefa Merino.

D. Francisco Bohorque.

D. Martin Galban.

Osuna........ D.ª Juana Hidalgo.

D. José María Gordillo.

D. Francisco de la Puerta.

D. José Galban y Zayas: . . . . . .

D. Nicolás Lucena. . . . .

D. Arcadio Barra. . . . .

D. Manuel Antonio Fernandez. . . .

D. Ignacio Romero Cepeda. . . . . .

D. Manuel Cepeda. . . . . . .

D. Dolores Caraballo, Viuda de Puerta. .

D. Antonio de Castro. . . . . . .

D. Francisco Villavicencio. . . . .

Osuna . . . .

D. Francisco de Torres Linero. . . .

D. José de Torres Linero. . . . . .

D. Fernando Valdivia. . . . . . .

Sr. Marqués de la Gomera. . . . .

D. Manuel de Torres. . . . . . .

D. José Mohedano Barrientos. . . .

D. Antonio Romero. . . . . . .

D. José Montero Coracho. . . . . .

D. Juan José Gordillo. . . . . .

D. José Hidalgo. . . . . . .

D. Juan Nepomuceno Galban . . . . .

D.ª María Josefa Osuna . . . . . .

D. Javier Gobantes . . . . . .

D. Cristobal de Torres . . . . . .

D. Mariano Estrada . . . . . .

D. Antonio María de la Puerta . . . .

D. Juan María Baldurama . . . . . .

D. José Diaz Fernandez . . . . . .

D. Juan Moreno Alcántara . . . . .

Osuna . . . . D. Antonio de Castro y Castro . . . .

D. Cayetano María Negro . . . . .

Menores hijos de D. Manuel de Castro . .

D. Juan de Castro y Castro . . . . .

D. José Andrés de Tejada . . . . .

D. Miguel Fernandez . . . .

D.ª Asuncion Menacho . . . . . .

D. Francisco Fernandez y Fernandez . .

D. Manuel Puro Gomez . . . . . .

D. Ildefonso García Dominguez . . . .

	Nombre	Hierro	Señal
	D.ª Manuela de Castro, Viuda de Vargas.		
	D. Rafael García Guerra.		
	D. José Caballos.		
	D. Francisco Gordillo.		
	D. Antonio Padilla.		
	D. Juan Lasarte.		
Osuna.......	D. Juan Muñoz.		
	D. Antonio de Castro.		
	D. Antonio Zamora.		
	D. Manuel Valdivia.		
	D. Domingo Estrada.		
	D. Antonio Romero.		
	D. Manuel Martin.		
	D. Mariano Zamora.		
Los Corrales..........	D. Alonso Pedrosa Morillo.		
	D. Juan Manuel Carrero.		
	D.ª Francisca Zamora.		
	D. Francisco Reyes.		
Aguadulce..	D. José Montaño.		

Gilena........ { D. Francisco Diaz. . . . . . .

D. José García. . . . .

Pedrera...... { D. Nicolás de Torres. . . . . . .

D. Antonio María Carrasco. . . . .

Herederos de D. José Vergara. . . . .

D. Antonio Alanis Sevillano. . . . . .

D. José Lasarte. . . . . . .

D. Antonio Vergara y hermanos. . . .

Sr. Marqués de Valmediano y Estepa. . .

Sr. Marqués de Cerverales. . . . .

D. Pedro Masson. . . . . . .

Estepa....... { D. Francisco Crespo. . . . . . .

D. Antonio Alvarez Chollano. . . . .

Herederos de D. Alonso Machuca. . .

D. Antonio Abad Ruiz. . . . . .

D. José María Camergo. . . . . .

D. Antonio Carren Gonzalez. . . . .

Badolatosa. D. Calixto Fernandez de Santaella. . .

Casariche... D. Juan Cano Bello. . . . . . .

	D. Leonardo Vazquez.	
	D. Francisco Canela.	
	D.ª Ambrosia Muñoz, Viuda de Benjumea.	
	D. José de Cáceres.	
Herrera......	D. José Zamorano Benjumea.	
	D. Robustiano Zamorano.	
	D. Joaquin y D. Felix Vazquez. . . .	
	D. Juan Soriano.	
	D. Claudio Benjumea.	
	D. Francisco Lopez Moreno.	
Marinaleda y Matarredonda.....	D. Isidoro Jurado (conocido por los Gomez).	
	D.ª Filomena Ayre.	
	D. Francisco Ramos Rodriguez. . . .	
El Rubio....	D. Francisco Guerra Rodriguez. . . .	
	D. José Caro García.	
	D. Javier Caro.	
	D. Francisco Perez.	
	D. Manuel Perez.	
	D. Francisco Pradas.	

Fuentes	D. Antonio Flores.	
	D. Rafael Vasco y Vasco.	
	D. Francisco Peñaranda.	
	D. Fernando Armero.	
	D. Nereo Gimenez.	
	D. Cristobal y D. Antonio Carmona. . .	
	D. Manuel Leon y Villalon.	
	D. Fernando Peñaranda.	
	D. José Escalera.	
	D. Sebastian de Carmona (mayor). . .	
	D. Sebastian de Carmona y Carmona. .	
	D. Cristobal de Carmona y Carmona. .	
	D. José Leon y Villalon.	
	D. José de Soto.	
	D.ª Manuela Andera.	
	D. José Milla.	
	D. Manuel María Llera.	
	D.ª Ana Galindo.	
El Viso	D. Manuel Gimenez Leon.	

9

El Viso ......

- D. Manuel Gimenez Cadenas. . . . . .
- D. Miguel Gimenez. . . . .
- D. Ramon Lopez Tejada. . . . . . .
- D. Isaías Gimenez Leon. . . . . . .
- D. Diego Lopez Sanchez. . . . . . .
- D. José Leon y Leon. . . . .
- D. José García Tejada. . . . . . .
- D. José Leon Gimenez. . . . . .
- Parada del Estado. . . . .

CRIADORES QUE HAN DEJADO DE SERLO.

Algaba. ......

- D. Antonio Tabares. . . . . . .
- D. Antonio Herrera Calvo. . . . .
- Herederos de D. José Calvo. . . . .
- D. José Agudo. . . . .
- D. José Ortega Romero. . . . . .
- D. José Herrera Carmona. . . . .

Algaba	D. José Manuel García.	
	D. Miguel Buscano.	
	D. Pedro Carranza.	
	D. Pedro Lopez Valladares.	
	D.ª Rita García.	
Aznalcazar.	D. José Camargo.	
Aznalcollar.	D. Manuel Moreno.	
Alcalá del Rio	D. Gerónimo Ojeda.	
	D. Francisco Ojeda.	
Benacazon	Testamentaría de D.ª María Magdalena Fernandez.	
Camas	D. José Leal.	
	D. Manuel Muñoz.	
Constantina.	D. Romualdo Flores.	
Espartinas.	D. Francisco Peralta.	
Genéra	D. Manuel Serrano.	
Gines	D. Antonio Palomar.	
Guillena	D.ª María Dolores Palacios.	
Huevar	D. José Salas y Amigo.	
Molares	D. José Romero Casado.	

Olivares	D. Fernando Diaz.		
	D. Ramon Reyes.		
Pilas	D. Gabriel Moreno.		
	D. José de Campos Rodriguez. . . .		
	Sr. Marqués de Esquivel.		
	Sr. Marqués de Paterna.		
	D. Agustin Armero.		
	D. Bernardo Marquez.		
	D. Diego Barquero.		
	D. Francisco Orejuela y Placer. . . .		
	D. Francisco Ramos y Gomez. . . .		
Sevilla	D. Ignacio Ayuso.		
	D. José María Villegas.		
	D. José Lasarte.		
	D. José Joaquin Lesaca.		
	D. José de Silva Moreno.		
	D. José Santaella.		
	D. José Moreno Santamaría.		
	Testamentaría de D. José Rodriguez. . .		

	D. Joaquin Ochoa.	
	D. Joaquin Mensaquez.	
	D. Javier Linares.	
	D. Luis Duran.	
	D. Luis Romero.	
	D. Manuel Morales.	
Sevilla	D. Manuel Sierra.	
	D. Manuel Cabrera.	
	D. Manuel Gil.	
	D. Miguel Gonzalez.	
	D. Pedro Lujan.	
	D. Pedro Romero Balmaseda. . . .	
	D. Ramon Romero Balmaseda. . . .	
	D. Rafael Ortega y Valdés. . . .	
Tomares	D. José Negron.	
	D. Mateo Diaz Solis.	
Villaman-rique	D. Pedro Navarro.	
	D. Pedro Maurel.	
	D. Antonio Dominguez Parra. . . .	

Villaman-rique.........	D. Antonio Ponce Vallar. . . . .
Castilleja de la cuesta	D. Diego Martín. . . . . . .
	D. Francisco Bejerano. . . . .
	D. Juan Antonio Mellado. . . . .
	D. Juan de Dios Farfan. . . . .
Lebrija......	D. Antonio Granados. . . . .
	D. Antonio Sanchez Rico. . . . .
	D. Joaquin Dominguez. . . . .
	D. Miguel Ruiz. . . . . .
Montellano.	D. Miguel Corbacho . . . . .
Moron.......	D. Pedro Varea. . . . .
	D. Pedro Caballos. . . . . .
	D. Eusebio Marcos Perez. . . . .
	D. Antonio Eras. . . . .
	D. Manuel Auñon. . . . . .
	D. Joaquin Ramos. . . . . . .
	D. Rafael Castilla. . . . . .
	D. José Maria Carmona. . . . .
	D. Antonio Villalon y Villalon. . . .

Ecija.........	D. Francisco Fernandez Golfin.	
	D. Francisco Martin Gonzalez. ...	
Luisiana....	D. Juan Carmona.	
La Campa-na........	D.ª Josefa Pelayo.	
Lora del Rio.	D. Antonio Garcia Marquez. . . .	
	D. Juan Cepeda y Reyna.	
	D. Ignacio Liñan.	
Carmona....	D. Domingo del Villar.	
	D. Blas Maqueda.	
	D. Antonio y D. José Mendez. . .	
Arahal	D. Miguel de Zayas.	
	Herederos de D.ª Francisca Brenes. .	
Marchena..	D.ª María Rayo.	
	D. Miguel Lopez.	
Osuna	D.ª Ana Zamora.	
	D. Ventura de Castro.. . . .	
	D.ª María del Cármen Carbajal. . .	
	D. Francisco Caraballo. . . .	
Cantillana..	Viuda de D. Antonio Castilla. . .	
El Viso.....	D. Bernardo Leon. . . .	

PROVINCIA DE CORDOBA.

CRIADORES QUE EXISTEN.

Córdoba

Excmo. Sr. Conde de Torres Cabrera. . .

D. Pedro Coronado. . . . . . .

D. Manuel Losada. . . . . .

D. Fernando Suarez Alcaide. . . . .

D. José Moñino. . . .

D. Manuel Alcaide. . . . . . .

D. José Anchelerga. . . . . .

Excmo. Sr. Marqués de Benamejí. . .

D. Juan María Conde. . . . . .

D. Rafael Alvarez. . . . . .

D. Francisco Solano Fuentes. . . . .

D.ª Juana Alcaide. . . . . .

D. José Barbudo y Lopez. . . . .

D. Juan Manuel Trevilla. . . . .

D. José Moreno. . . . . . .

Sr. Marqués de Valdeflores. . . . .

D. Antonio María Toledano. . . . .

Sr. Baron de San Calixto. . . . . . .

D. Diego Roldan. . . . .

D.ª Francisca Delgado. . . . . .

D. Rafael Delgado. . . . . . .

D. Domingo Sanchez. . . . . . .

D. Iidefonso Joaquin de Ariza. . . .

D. Antonio Ariza. . . . . . .

D. José Sisternes. . . . . . .

D. José Fernandez Leon. . . . . .

Córdoba..... D.ª María Leon. . . . . . .

D. Juan de la Cruz Calzadilla. . . .

D. Lorenzo Bartolomé Medrado. . . .

D. Rafael Barbero. . . . . . .

D. Joaquin de la Torre. . . . . .

D.ª María Dolores Blanco. . . .

D. Juan Marchal. . . . . . .

D. Juan Benitez. . . . . . .

D. Rafael Cabrera. . . . . .

D. Joaquin Delgado. . . . . .

10

Córdoba

- D. Francisco Fernandez.
- D. Bartolomé María Lopez.
- Sr. Condé de Hornachuelos.
- D. José Bastardo Cisneros.
- D. Manuel Delgado.
- D. Francisco Delgado.
- D.ª Rafaela Baena.
- D. José Henares.
- D. Rafael Alonso.
- D. Francisco Barrionuevo.
- D. Pedro Aragon.
- D. Miguel Castiñeira.
- D. Rafael de la Cruz.
- D. Francisco Carrasco.
- D. Ramon Molina.
- D. Pedro Suarez.
- D. Francisco Moyano.
- D. Rafael Molina.
- D. Rafael Joaquin de Lara.

Córdoba

D.ª María Vergel. . . . .

D. José Serrano Villalon. . . . . .

D. Manuel Benito. . . . .

D. Joaquin Losada. . . . . . .

Sr. Marqués de Cabriñana. . . . .

D. Manuel Lopez Aguilar. . . . .

D. Francisco Rojas. . . . . . .

D. Domingo Lorenzo. . . . . . .

Almodovar

D.ª Dolores Luna. . . . .

D. Santiago Carrasco. . . . . . .

D. Alfonso Caro. . . . .

D. Pedro Crespo. . . . .

D. José Lopez. . . . .

D. Pedro Ruiz Luna. . . . . . .

D. Francisco Natera Luna. . . . .

D. Joaquin Natera Luna. . . . . .

D. Joaquin Guzman. . . . . . .

D. José Lopez Ferias. . . . . . .

Posadas. .... D. Cristobal del Alame. . . . . .

Posadas.....	D. Antonio Serrano.	
	D. Juan Padilla.	
	D. Antonio Cañero.	
	D. Sebastian Padilla.	
	D. Francisco Lopez y Navas. . .	
	D. Antonio Bonilla Rivera. . . .	
	D. Fernando Bonilla Rivera. . . .	
	D. Nicolás Bonilla Rivera. . . .	
Hornachue-los..........	D. Juan de Mata.	
	D. Rafael Santiago.	
	D. Antonio García de Mesa. . . .	
	D. Rafael de la Peña..	
	D. Rafael Carrascosa.	
Nublos.......	Sra. Condesa de Villanueva. . .	
Moratalla..	Sr. Conde de Villanueva.. . .	
Palma del Rio..........	D. Pedro Ardanuy.	
	D. Juan José Nieto.	
	D. Francisco Gamero Cívico. . .	
	D. Antonio Rejano.	

D. Manuel Barrio. . . . .

D. Juan Calvo. . . . .

D. Rafael Rejano. . . . .

Palma del
Rió. .... D. Pedro Almenara. . . . . . .

D. José Gamero Cívico. . . . . .

D. Estéban Fernandez. . . . . .

D. Pedro Montero. . . . . . .

Fuente Obe-
juna........ D. Manuel Rabé. . . . .

Belméz...... D. Gabriel Lozano. . . . . . .

D. Fernando Calzadilla. . . . . .

D. Manuel Torrico. . . . . . .

D. José Ledesma. . . . . . .

D. Juan Moreno. . . . . . .

D.ª Francisca Delgado. . . . . .

Hinojosa.... D. Luis Blanco Perez. . . . . .

D. Isidoro Peñas. . . . . . .

D. Juan Calzadilla. . . . . .

D. José Cadenas. . . . . . .

D. Antonio Molera. . . . . . .

Hinojosa.....	D. Antonio Morillo.	☩	
	D.ª Policarpa Marquez.		
Belalcazar.	D. Antonio García.		
	D. Bernabé García.		
	D. Crispulo García.	S	
	D. Antonio Delgado Palomo. . . .		
	D. Juan Cuadrado.		
	D. José Murillo.		
	D. Francisco Murillo.	M	
	D. Joaquin Suarez.		
	D. Gabriel Delgado.		
	D. Manuel Medina.		
	D. Manuel Murillo.	B	
	D. Juan Murillo.		
	D. Alonso de Cárdenas.		
Villafranca.	D.ª María Madueño.		
	D. Juan Molina Castillo.		
	D. José Herrera Calvento. . . .		
	D. Antonio Melero Camacho. . . .		

Villafranca.
D. Juan Zamorano Herrera. . . . .
D. Sebastian de Castro. . . . . .
D. Antonio Melero Ayllon. . . . .
D. Juan Antonio Herrera. . . . . .
D. Andrés Zamorano. . . . .
D. Juan Zamorano y Castro. . . . .
D. Pedro José Zamorano. . . .
D. Andrés Maria del Prado. . . . .
D.ª Catalina Zamorano. . . . . .
D. Martin Fernandez. . . . . .
D. Francisco Molina Rueda. . . . .
D. Alonso Rurado y Lopez. . . . .
D.ª Antonia Molina y D. Juan Molera. .
D. Mateo García de Prados. . . . .
D. Pedro José Zamorano. . . . . .

Pedroche. . .
D. Antonio José Morillo. . . . . .
D.ª Josefa Jurado. . . . . . .

Montoro. . . .
D. Diego Nuño y Obrero. . . . . .
D. Antonio Gomez. . . . . . .

Montoro....	D. Diego Medina.		
	D. Antonio Enrique Gomez		
	D. Juan Urbano.		
Carpio.......	D. Rafael Labastida.		
	D. Joaquin Candan.		
	D. Juan Herrera.		
	D. Rodrigo Fernandez de Mesa. . . .		
	D. Rafael Aguilar.		
	D. Rafael Barbudo.		
	Sr. Duque de Alba.		
Pedro Abad	D. Andrés Perez Almiron.		
	D. Francisco Porras y Ayllon. . . .		
	D.ª Manuela Pulido.		
	D. Ildefonso Porras Melero. . . .		
	D. Francisco Alcántara.		
	D. Francisco Porras Gaitan . . .		
Aldea del Rio......	Sra. Viuda de D. Pedro Leon. . .		
	D. José Gomez.		
	D. José María Jimenez.		

Aldea del Rio...... { D. Sebastian Criado. . . . . . .

D. Teodoro de Espinosa y Ligues. . .

D. Antonio Navarro Moreno. . . . . .

D. Juan Bautista Navarro. . . . . .

D. Manuel Romero Vico. . . . . .

D. José de Lara y Boca. . . . . .

D. Juan Sotomayor. . . . . . .

D. Antonio de Lara. . . . . . .

D.ª María Rosa de Lara. . . . . .

D.ª Josefa de Lora y Lara. . . . .

Bujalance... { D. Juan José Leon. . . . . . .

D. Manuel Alonso. . . . . . .

D. Bernardo Lonstatel. . . . . .

D. Domingo José Lopez. . . . . .

D. Miguel Navarro· . . . . . .

D. Ramon de Coca. . . . . . .

D. Manuel de Flores. . . . . . .

D.ª Ana María de Castro. . . . . .

D. Juan José Navarro. . . . . . .

	D. Manuel Maria de Priego.	
	D. Fernando Canales.	
	D.ª Ana María Leon.	
	D.ª Juana Leon.	
	D. Teodoro Espinosa y Combes. . . .	
	D. Miguel Navarro y Lora.	
Bujalance..	D. Francisco de Lora y Daza.	
	D. Fernando de Vacas.	
	D. Luis Morales García.	
	D. Bartolomé de Rojas.	
	D. Juan de Coca Castillejo.	
	D. Pedro Camacho y Castro. . . .	
	D.ª Catalina Camacho y Castro. . . .	
	D. Manuel Lopez.	
	D. Juan de Dios Manrique.	
Cañete de las Torres..	D. Antonio Gamero Manrique.	
	D. Diego Ortega.	
	D.ª María del Cármen García.	
	D. José Cantares Roldan.	

Cañete de las Torres.. D. Alonso de Mérida Calderon. . . . .

Castro del Rio. . . . .

D. Pedro Luque. . . . .

D. Juan Aranda. . . . . . .

D. Antonio Aranda. . . . . .

D. José Joaquin Sotomayor. . . . .

Sr. Conde de la Estrella. . . . .

D. Antonio Criado y Osuna. . . . . .

D. Rafael Rincon. . . . .

D. Francisco Algaba. . . . . .

D. Francisco Criado. . . . . .

D. Alonso Ruiz. . . . .

D. Andrés de Cuellar. . . . . . .

D. Pedro Rodriguez. . . . . . .

D. Francisco Sotomayor. . . . . . .

D. Antonio Sotomayor. . . . . .

D. Manuel Polo. . . . .

D. Joaquin Rodriguez. . . . . . .

D. Cristóbal Rodriguez. . . . . .

D. José Ambrosio. . . . . . .

Castro del Rio ....
- D. Juan Urbano. . . . .
- D. Rafael Azpitarte. . . . . . .
- D. Manuel Millan Ruiz. . . . . .
- D. Juan Moreno Polo. . . . . .

Montilla . . . .
- D. Francisco Salas. . . . . . .
- D. Miguel Raigon. . . . . . .
- D. Juan de Luque. . . . . . .
- D. Miguel Urbano. . . . . . .
- D.ª Aurora Raigon. . . . . . .
- D. Francisco Lopez Campo. . . . .
- D. Francisco Rioboo. . . . . . .
- D. Luis Jurado. . . . .
- D. Francisco Salas Perez. . . . . .
- D. José Salas Perez. . . . . . .
- D. Miguel Navarro. . . . . . .
- D. Vicente Requena. . . . . . .
- D. Antonio Uruburu. . . . . . .
- D. Agustin de Alvear. . . . . . .
- D. Miguel Nuñez de Prados. . . . .

Montilla	D. Francisco de la Rosa Espejo. . . . .
	D. Cárlos Alvear. . . ..
	D. Francisco Sanchez. . . . .
	D. Juan Mendoza. .. . .
	D. Francisco Luque. . . . .
	D.ª Vicenta Raigon. . . . .
	D. José y D. Francisco Raigon. . . .
	D. José Carrasco. . . . .
Rambla	D. Lorenzo Cabello. . . . .
	D. Miguel Cabello. . . . .
	D. Miguel Osuna. . . . .
	D. Juan Bautista Cobos. . . . .
	D. Juan Manuel Sanchez. . . . .
	Sr. Conde de Albercon. . . . .
	D. Lorenzo Cabello. . . . .
	D. Garcia del Rosal. . . . .
	D.ª Ana Escamilla. . . . .
	D. Bartolomé Lucena. . . . .
	D. José Lucena. . . . .

Rambla......	D.ª Isabel Arjona.	A
	D. Gabriel Escribano.	
	D. Joaquin Jimenez.	✠
	D. Joaquin Lucena.	
Montema-yor............	D. Antonio Córdoba.	�
	D. Antonio Carmona.	
	D. Lorenzo Nadales.	Φ
	D. Francisco Carmona.	
	D.ª Ana de Córdoba.	A
	D. Francisco Ruiz.	
	D. Miguel Moreno.	⋈
	D. Juan Nadales.	
	Viuda de D. Juan Antonio de Luque. . .	♀
	D. Juan Antonio Sanchez.	
	D. Sebastian Galan.	A
Fernan--Nuñez........	D. Pedro Gomez.	
	D. Alonso-Laguna Gomez.	A
	Viuda de D. Bartolomé Laguna Gomez. .	
	D. Fernando Secada.	symbol

	D.ª Concepcion Osuna.	𝕸
	D. José Secada.	𝕆𝕆
	D. Andrés Osuna.	𝕆𝕆
	D. Juan Jimenez Osuna.	
	D. Fernando Crespo.	♡
	D. Pedro Moyano Rodriguez.	
	D. Andrés Crespo.	𝓐
	D. Martin Crespo.	
	D. Fernando Baena.	𝔸
Fernan-- Nuñez	D. Baltasar Sanchez.	
	D. Miguel Baena.	𝓫
	D. Francisco Serrano Bonilla.	
	D. Bernardo Serrano.	𝓠
	D.ª Ana Baena.	
	D. Antonio Laguna.	𝔸
	D.ª Pilar Espinosa.	
	D. Pedro Cañadas.	𝕾
	D. Miguel Calatrava.	
	D. Domingo Cuesta.	𝔸

𝕁𝕊
𝕁
𝓐
𝕋
𝕁𝕭
𝔹
𝔖𝕊
ℂ

D. Miguel Osuna.	
D. Antonio Secada.	
D. Francisco Gomez.	
D. Pedro Crespo.	
D. Francisco de la Rosa	
D. Cristobal Nieto.	
D. Alfonso Baena.	
D. Fernando Osuna García.	
D. Francisco Gomez Luque. . . .	
D. Salvador de Rayo Serrano. . .	
D. Bernardo Serrano Lopez. . . .	
D. Andrés de Rayo Serrano.	
D. Pedro Bonilla Osuna.	
D. Alfonso La Huerta Yuste. . . .	
D.ª Ana Gomez Luque.	
D. Alfonso Jimenez Osuna. . . .	
D. Miguel Toledano Marín.	

Fernan-Nuñez........

	D. Pedro Osuna y Crespo.	F
	D. María Gonzalez Carmona. . . .	(A)
	D. Pedro Cañadas Torres. . . .	
	D. José Villafranca.	
Fernan-Nuñez........	D. Diego Luque Jimenez.	⊕
	D. Gonzalo Diaz.	
	D. Cármen Lopez.	P
	D. Leonor Serrano.	
	D. Fernando Ambrosio Lopez. . .	L.
	D. Francisco Guisado Jimenez. . .	
	D. Ramon Guisado Sanchez. . . .	(A)
Fuente Palmera.......	D. Francisco de Paula Guisado Sanchez. .	(A)
	D. Juan Manuel Martinez. . . .	Z
	D. Francisco Hems Guisado. . .	
	D. Pedro Dubo. . .	
La Carlota..	D. Manuel Guerrero.	
Fuencubierta........	D. Andrés Garcia.	AG
Guadalcazar........	D. Juan Antonio Luna. . . .	
	D. Antonio Rejano Martinez. . . .	(A)

Guadalca-zar.............	D. Pedro Arenas.	
Santaella...	D. Fernando Doñamayor.	
	D. Ramon Jimenez.	
	D. Juan de Parma.	
	D.ª Beatriz Salamanca.	
Montalban.	D. Juan Nepomuceno Villalba. . . .	
Puente Ge-nil	D. Ildefonso Reyna.	
	Sr. Conde de Casa Padilla	
	D. Antonio Morales.	
	D. Miguel García Hidalgo.	
	D. Teodomiro de Rivas.	
	D. José Padilla Parejo.	
Aguilar......	D. Antonio de Toro.	
	D. Alonso de Tiscar.	
Zambra......	D. Antonio Caballero.	
Benamejí ...	D. Francisco Arjona.	
	D. Juan Antonio Carreira.	
Lucena.	D. Antonio Curado.	
	D. Bartolomé Fernandez.	

Lucena ....

D. Francisco de Paula Cortés. . . .

D. José Romero. . . . .

D. Cristobal de Burgos. . . . . .

D. José Burgos Sanchez. . . . . .

D.ª Josefa Chacon. . . . . . .

Sr. Conde de Santa Ana. . . . . .

D. Juan de la Torre. . . . . . .

Cabra......... D. Francisco Alcalá. . . . . . .

Carcabuey.. D. Ildefonso Lozano. . . . . . .

Luque........

D. Fernando Calvo de Leon. . . . .

D. José de Toro. . . . . . .

D. José Calvo de Leon. . . . . .

D. Juan Alferez. . . . . . .

D. Rafael Calvo de Leon. . . . . .

Doña Men-
cia.......... D. Francisco Moreno Ruiz. . . . .

Baena. ....

D. Pablo Villalobos. . . . . .

D. Francisco Frias. . . . . . .

D. Francisco Valenzuela. . . . . .

D. José Valenzuela. . . . . . .

D.ª Josefa Villalobos. . . . . . .

D. Vicente Pineda. . . . . . .

D. Manuel Rabadan. . . . . . .

D.ª Juana Leon. . . . . . .

D. José de Tienda. . . . . . .

D. Joaquin Espinosa. . . . . . .

D. Manuel Espinosa. . . . . . .

D. Francisco Ariza. . . . . . .

Herederos de D.ª Mariana Piernagorda .

Baena . . . . D. Juan Ariza. . . . .

D. Rafael Santaella. . . . . . .

D. Francisco Rodriguez. . . . . .

D. Lucas Balbuena. . . . . . .

D. Manuel Santaella . . . . . .

D. Andrés Beredas. . . . . . .

D. Diego Alcalá. . . . . . .

D. Francisco de Paula Parraverde. . .

D. José Espinosa. . . . . . .

D. Eusebio de Tienda. . . . . . .

Herederos de D.ª Ana Mendez. . . . .

D. Bartolomé Santos. . . . .

D. Cristobal de Gracia. . . . .

D. Francisco Casado. . . . .

D. Francisco Córdoba. . . . .

D. José Pineda y Pineda . . . .

D. Juan José Lopez. . . . .

D. José Ramirez. . . . .

D. José Casado. . . . . . .

Espejo. . . . . . . D. José de Gracia Ortiz. . . . .

D. Isidoro Vega. . . . .

D. Luis Vega. . . . .

D. Miguel de Comas. . . . .

D. Miguel Pineda y Alguacil. . . . . . .

D. Manuel Laguna. . . . .

D. Nazario Vega. . . . .

D. Rafael Ruiz. . . . .

D. Vicente Casado. . . . .

D. José María Lopez. . . . .

D. Juan José Pavon. . . . . . .

D. Francisco de Gracia. . . . . .

D. José Pineda Criado. . . . . .

D. Francisco Jurado. . . . . . .

D. Antonio Lopez Ortiz. . . . . .

Espejo . . . . D. Manuel Aguilar. . . . . . .

D. José Serrano. . . . .

D. Cristobal Lopez. . . . . . .

D. Bartolomé de Gracia. . . . . .

D. Antonio María Reyes. . . . . .

D. Antonio Serrano Bello. . . . .

D.ª Ana María Oliván. . . . . .

D. Antonio Gallardo. . . . . . .

D. Juan Oliván y Gordillo. . . . .

D. Juan Rafael Porama García. . . .

Valenzuela. D. Juan Dionisio Gallardo. . . . .

D. Miguel Sanchez Segovia. . . . .

D.ª María Manuela Gordillo. . . . .

D.ª Ana Oliván. . . . .

Valenzuela.
- D. Pedro Gallardo.
- D. Martin Hidalgo.
- D. Antonio Montilla.
- Parada del Estado.

CRIADORES QUE HAN DEJADO DE SERLO.

Córdoba.
- D.ª Josefa Rivas.
- Sr. Conde de Gavia.
- D. José Barbudo y Llamas.
- D. Rafael Dieguez.
- D. Manuel Molina.

Fuente Obejuna.
- D. Manuel Henestrosa.

Hinojosa.
- D. José Alvarado.

Belalcazar.
- D. Antonio Delgado Murillo.
- D. Felipe Hidalgo.

Villafranca.
- D.ª Ana María Jurado.
- D. Luis Melero Camacho.

Carpio.
- D. Andrés de Priego.

	D. Manuel Santaella.	
	D. Luis Rubio.	
	D.ª Rosa de Luque. . . .	
Montilla. . .	D. Joaquin Aguilar.	
	D. Juan de la Cuesta. . . .	
	D. José Antonio Navarro.	
	Herederos de D. Antonio Navarro. . .	
	D. Francisco Perez Rionegro. . . .	
Rambla . . .	D. Casimiro Fernandez.	
	D. Rafael Puerta.	
Fernan-Nuñez. . .	D. Pedro Laguna. . . .	
Puente Ge-nil. . .	D. Joaquin Ariza.	
Baena. . .	D. Lucas Balbuena.	
	Sr. Marqués del Portazgo. . . .	
Espejo. . .	D. Juan Antonio Ortiz. . . .	
Valenzuela.	D. Juan Rafael Porcuna y Gordillo. . .	

CRIADORES QUE EXISTEN.

	D. Agustin Sanchez Gata..		=
	D. José Gata Molina.		
	D. Juan Sanchez Gata.		
	D. Manuel Moreno.		
Alconchel..	D. Manuel Barriga.		
	D. Francisco Diaz.		
	D. Juan Gata y Molina.		
	D. Cristobal Vera.		
	D. Diego Mendez.		
	D. Francisco Fonseca.		
Almendral.	D. Juan Francisco Oribe.		
	D. Manuel Oribe.		
	Excma. Sra. Marquesa de Monsalud.		MD
	Sr. Marqués de la Encomienda.		
Almendralejo.	D. Cándido Chumacero.		
	D. Diego García Ortiz.		
	Sr. Marqués de la Colonia.		

	Herederos de D. Matías de la Peña. . .	
	D. Francisco y D. Pedro Romero y Falcon.	
Almendra- **lejo............**	D.ª Trinidad Romero (viuda de Morales).	
	Viuda de Romero Delgado.	
	D. Diego del Saz.	
	D. Luis Montero y Monsalve. . . .	
	D. Antonio Fernandez de Córdoba.	
	D. Cristóbal Montalvo.	
Azuaga.......	D. José Manuel Maheda.	
	D. Manuel de la Llera.	
	D.ª María Manuela Alvarez. . .	
	D.ª María Manuela Barragan. . .	
Arroyo de **San Servan.**	D. Pedro López Monterrey. . . .	
	D. Alejandro Barrantes.	
	D Felix Lozo.	
Badajoz. ...	D. Francisco Prudencio.	
	D. Isidoro Marquez.	
	D. Jacobo Tomás Benjumea Carbonell.	
	D. Juan Vara.	

D. José Carbonell. . . . .

D. José María Albarran. . . . . . .

D. José Tomás Benjumea Carbonell. . .

D. José Alonso Martinez. . . . . .

D. José Díaz. . . . .

D. José María Lopez. . . . . . .

D. Juan Maestre. . . . . . .

D. Juan García Minaye. . . . . .

D. Juan Macías. . . . .

Badajoz . . . . D. Juan Manuel Fernandez. . . . .

D. Julian Galache. . . . . . .

D. Leon Beguer. . . . . . .

D. Manuel Macías. . . . . . .

D. Manuel Molano. . . . . . .

D.ª Manuela Enriquez. . . . . .

D. Manuel Martinez Patron. . . . .

D. Manuel Mendez. . . . . . .

D. Manuel Rubio. . . . . . .

D. Pedro Iriarte. . . . . . .

Badajoz.....	Herederos de D. Pedro Tomás Benjumea.	
	D.ª Rita Atienza.	
	D. José Jimenez.	
	D. Florencio Sanchez Rastrollo. . . .	
	D. José Antimez.	
	D. Antonio Pizarro.	
	D. José María Dominguez.	
	D. José Pacheco.	
Barcarrota.	D. Luis Villanueva.	
	D. Juan de la Cámara.	
	D. Luis Mendoza.	
	D. José María García.	
Bienvenida.	Sr. Conde de Villa Sta. Ana.	
	D. Casimiro Esteban.	
	D. Pedro Gonzalez.	
	D. Alonso Barreda.	
	D. Luis Galindo.	
	D. Rafael Boza.	
Burguillos.	D. Nicolás Garlandi.	

Burguillos.	D. Pedro Alcántara Liaño.	
	D. Manuel Jarillo.	
Cabeza de la Vaca	D. Andrés Borralló.	
	D. Francisco Romero.	
	D. Benigno Borrallo.	
Campanario	D. Mariano Bravo.	
	D. José Donoso.	
Campillo	D. Antonio Henao	
	D. Pedro Romero.	
	D. Ramon Romero.	
Castuera	D. Juan Alonso Cáceres.	
	D. Alonso Gomez Valadés.	
	D. Diego de Mera Carrasco.	
	D. Fernando Hidalgo.	
	D. José Peralta y Campos.	
D. Benito	D. José de Torres.	
	D. Juan Felix Parejo.	
	D. Ramon Cidoncha Soto.	
	D. José Granda y Campos.	

D. Benito...	D. Tomás de Soto Moreno.	S
	Viuda de D. Jacinto Zaldivar. . . .	T
	D. Juan Fernandez Trejo.	O
	D. Fernando Quirós.	
Feria.........	D. Toribio y D. Francisco Leal. . .	O
	D. Pascual Fadón.	
	D. Antonio Vazquez.	Y
Fuente de Cantos......	D.ª Asuncion Tinoco.	
	D. Antonio Fernandez.	AF
	D. Bernardo Carrascal.	
	D. Guillermo Lopez.	I†S
	D. José Antonio Carrascal.	
	D. Juan Luis Chaves.	⊞
	Sr. Marqués de Tons.	
Fregenal de la Sierra..	D. Agustin Santiago y Fuentes. . . .	♡
	D. Vicente Sanchez Arjona.	
	Sr. Marqués de Rio Cabado.	⚓
	Sr. Marqués de Paterna.	
	D. Antonio Chamorro Lobo.	Z

Haba	D. Manuel Valdés.	$\vee$	C
	D. Pedro Campos Orellana.		
	D. Andrés Clarós.	$\triangledown$	B
	D. Feliciano Barriga.		
	D. Fernando Clarós.	7	
	D. José María Clarós.		
Higuera la Real	D. José Clarós y Clarós.	$\maltese$	E
	Herederos de D. Juan Esteban Sanchez. .		
	D. Isidro Clarós.	$\otimes$	
	D. Bartolomé Clarós.		
	D. Antonio Nogueras.	Φ	
Higuera de Llerena	D. Antonio Lopez.		
	D. Gregorio Gomez.	σ	
	D. Miguel Vera.		
	D. Juan Gonzalez Cañedo.	σ	
	D. Juan Moreno Fernandez. . . .		
Higuera de Vargas	D. Manuel Terreros.	T	
	D. Juan del Pozo.		
	D. José Villanueva.	$\vee$	δ

Higuera de Vargas.....	D. Juan Borrachero	
	D. Antonio Sayavera.	
	D. Francisco Muñoz.	
	Viuda de D. Francisco Acevedo.	
Hornachos.	D.ª Isabel Ortega.	
	D. José Aperador.	
	D. Rafael Tena.	
	D. Francisco Castañeda.	
	D. José Sayavera.	
	Sr. Marqués de Rianzuela.	
	D. José García Gregorio.	
	D. Eugenio Moreno.	
	D. Francisco Aquedo.	
	D. Francisco de Guzman.	
Jerez de los Caballeros	D. Francisco Lasota.	
	D. Manuel Mendoza.	
	D. Pio Megia de Sala	
	D. Rafael Gonzalez.	
	D. Sebastian Ramirez.	

La Parra....	D. Antonio María Diosdado.	
	D. Agustín Mulero.	
Lobón........	D. Antonio Coca.	
	D. Fernando Conejo. . . . · ·	
Los Santos.	D. Javier Carbajal.	
	D. Juan Duran.	
	D. Cesáreo Duran. . . ·	
	D. Antonio Ulloa.	
	D. Antonio Carrasco.	
	D. Victor Fructuoso.	
	Viuda de D. Juan Murillo.	
	D. Antonio Carbajal.	
Llerena......	D. Agustín Cañizo.	
	D. Fernando Zambrano.	
	Herederos de D. José María Montero. .	
	D. Antonio Cardos.	
	Viuda de D. Julian Gomez. . . .	
Medellín....	D. Joaquin Redondo. . . · . .	
	D. Juan Marcelino Tena. . . .	

14

Medellin....	Viuda de D. Antonio Tena.	
	D. Manuel Arenzana.	
Medina de las Torres..	D. Francisco Barrientos.	
	D. Vicente Perez.	
	D. Francisco Barrientos.	
	D. Julian Carrascal.	
Mengabril..	D. José Ruiz.	
	D. Juan Diaz.	
	Sra. Viuda de D. Tomás Ruiz. . . .	
Mérida......	D. Fernando Vera.	
	D. Manuel Perero.	
Montijo.....	D. Alonso Gragera.	
	D. Francisco Piñero.	
	D. Joaquin Botello.	
Montemo-lin	D. Francisco Salinero.	
	D. Teodoro Leria.	
	D. Angel Moreno.	
Puebla de la Calzada..	D. Alonso Coca.	
	D. Alonso Gragera.	

Un agujero en una oreja.

Puebla de la Calzada..	D. Alonso Lopez y D. J. Guzman. . .
	D. Juan Pozo. . . . .
	D. Mateo Mendoza. . . . . . .
	D. Mateo Amigo. . . . .
	D. Miguel Coca. . . . . . .
Puebla del Prior.	D. Francisco Chamorro. . . . . .
Segura de Leon..........	D. Antonio Casquete. . . . . . .
	D. José Gato. . . . .
	D. Juan Antonio Mostero. . . . . .
Rivera del Fresno......	D. José Gragera. . . . .
	D. Juan de Dios Vargas. . . . . .
	D. Juan Pedro Gonzalez. . . . . .
	D. Wenceslao Olea. . . . . . .
	D. Manuel Gragera. . . . . . .
Talarrubias	D. Agustin Cerezo. . . . . . .
	D. Mariano Rodriguez. . . . . .
Usagre.......	D.ª Ana María Llera. . . . . . .
	D. Casto del Cármen. . . . . .
	D.ª Dolores Donaire. . . . . . .

Usagre.......	D. Manuel Fuentes.	
	D. Francisco Leon.	
	D. Lucio de Cámara.	
Val de Torres............	D. Francisco Donoso.	
	D. Vicente Cortés.	
Valle de Matamoros	D. Diego Mendez.	
	D. Manuel Mendez.	
	D. Francisco Donoso.	
Valencia del Ventoso	D. Antonio Barroso.	
	D. José Peinado.	
	D. José Landa.	
	D. Juan Fernandez.	
	D. Juan Barroso.	
	D. Antonio Solano.	
Valencia de las Torres	D. Bernardo Gonzalez.	
	D. Juan Pinillos	
Valverde de Leganés	D. Luis Gaitan.	
Valverde de Burguillos	D. Florencio Gallego.	
	D. José Antonio Gallego.	

Villagarcia.	D. Antonio Morales.	
	D. José María Herrera.	
	D. Alvaro Trigo.	
	D. Cristobal Toro.	
	D. Fernando Jaraquemada.	
	D. Francisco Vaca y Brito.	
	D. José Vaca y Brito.	
	D. Juan Dominguez.	
	D. Juan Fernandez de Soria. . . .	
	D. Manuel Solís.	
Villafranca de los Barros.	D. Mateo Vaca Laguna.	
	D. Pedro Gordillo.	
	D. Pedro Vaca y Montero.	
	D. Rodrigo Vaca y Brito.	
	D. Joaquin Dorado.	
	D. Alonso Ceballos.	
	D. Francisco Sanchez Arjona. . . .	
	D. Martin de Santiago.	
	D. Pedro Montero Gutierrez.	

Villafranca de los Barros............	D. José Sanchez Arjona.	
	D. Alonso Ramirez.	
	D. Antonio Sesma.	
	Faustino Martinez.	
Zafra............	Francisco Tejada.	
	Joaquin Gomez.	
	Waldo Sanmartin.	
	Vicente Gostia.	
	Domingo Sanchez.	
Azauchal....	Pedro María Ruiz.	
	D. Diego Varelo.	
	D. Francisco Salamanca.	
Albuera......	D.ª Isabel Nieto.	
	D. Pedro Gragera.	
	D. Antonio Vargas.	
Bodonal.....	D. Dionisio Quintanilla.	
	D. Juan Cortés.	
	D. Antonio Quintanilla.	
Cabeza del Buey...........	D. Toribio Mora.	

Cabeza del Buey..........	D. Celedonio Madroñero.	
Berlanga....	D Manuel Maeso.	
Cheles.......	D. José Recio Ranchel.	
Esparragosa de Lares.	D. Gavino Daza.	
Guareña.....	D. Francisco de Borja Malfeito. . . .	
	D. Juan Lucas Retamar.	
	D. Manuel Dorado.	
	D. Miguel Retamar.	
Puebla del Montijo.....	Viuda de D. Diego Gragera.	
	D. Juan Pozo.	
	D. Sancho Bejarano.	
	D. Andrés Conejo.	
Puebla del Maestre.	D. Juan Pizarro.	
Olivenza....	D. Francisco Sousa.	
	D. José Joaquin Mira.	
	D. Rodrigo Vargas.	
	D. Juan Froix.	
	D. Filiverto Mira.	
	D.ª Rita Perez.	

Olivenza.....	D. Juan Quiterio Ruiz.	
	D. Javier Arteaga.	
Talavera la Real.......	D.ª María Antonia Martinez.	
	D. José Perez.	
Torre de Miguel Sesmero.	D. Rafael Albarado.	
Valverde de Mérida..	D. Bonifacio Calvo.	
Valle de Santa Ana..	D. Francisco Salguero.	
	D. Francisco-Sanchez.	
	D. Diego Fernandez Salguero. . . .	
	D. Diego Fernandez García. . . .	
Maguilla. ..	D. José Albarado.	
Salvatierra.	D. José María Perez.	
Santa Marta........	D. Francisco Estevez.	
Valencia de Mombuey.	D. José Hernandez Gallego. . . .	
Villanueva del Fresno.	D. Benigno Gomez.	
	D. Gonzalo Morera.	
	D. Ramon Fernandez.	
	D. Antonio Cándido Perez. . . .	
	D. Melchor Cano.	

.OOI.S .B OAGALIC AAIO EUQ SOITARIRO

	D. Juan Irene Monroy.	
Villanueva del Fresno.	D. Andrés Vazquez.	
	D. Andrés Martin.	
	D. Santos Baselga.	
Oliva	D. Antonio Gomez.	
	Sr. Marqués de Torres Cabrera.	
Villanueva de la Serena	D. Pedro Gomez.	
	D. Antonio Nogales Grande.	
	D. Francisco Barragan	
	D. Pedro Simon.	
Almendral	D. Eduardo Maeso.	
	D. Francisco Simon y Prado.	
	D.ª Ana García Sanz.	
Higuera de la Serena.	D. Pablo Nuñez.	
Nogales	D. Francisco Eustaquio García.	
Zahinos	D.ª Ana Pellezin.	
	Paradas del Estado.	

15

CRIADORES QUE HAN DEJADO DE SERLO.

Alconchel... D. Juan Gata. . . . .

Almendra-lejo .... { D. Antonio de Vargas. . . . . .

Azuaga....... {

D. Antonio Ponce de Leon. . . . . .

D. José Antonio Ortiz. . . . . . .

D. José Eustaquio Ponce de Leon. . .

D. Juan Montero de Espinosa. . . .

Badajoz...... {

D. Agapito García Romero. . . . .

D. Antonio Monsalve. . . . . . .

D.ª Catalina Barroso. . . . . . .

D. Francisco Vargas. . . . . . .

D. Francisco Mansio. . . . . . .

D. Juan García Pelayo. . . . . .

D. Lucas Figueroa. . . . . . .

D.ª Magdalena Regalado. . . . . .

D. Manuel Sarró. . . . .

D. Nicolás Coronado. . . . . . .

D. Santos del Muñoa. . . . . . .

D.ª Teresa Figueroa. . . . . . .

Localidad	Nombre
Badajoz	D. Vicente Orduño.
	D. Manuel Figueroa.
Barcarrota	D. Manuel Albarado.
	D. Manuel María Liaño.
Burguillos.	D. Martin Santamaria.
Cabeza de Vaca	D. Juan Diaz Seco.
	D. Santiago Borrallo.
	D. Vicente Vinagre.
Campanario	D. Manuel Fernandez.
	D. Mariano Gomez Bravo.
	D. Mariano Fernandez Arévalo.
Castuera	D. Manuel García Gordón.
	D. Manuel y D. Pedro Ayala.
D. Benito	D. Diego Carrasco.
	D. Eusebio Peralta.
	D. José de Mera y Carrasco.
	D. Patricio Campos.
	D. Santiago Carrasco.
	Viuda de D. Ramon Fernandez.

Localidad	Propietario
D. Benito	Sra. Viuda de D. Jacinto Soto.
	D. José Fernandez Trejo.
Fuente de Cantos	D. Antonio Sancho.
	Herederos del Conde de Casa Chaves.
	D. José Carballar.
	D. Valentin Tejada.
	Sra. Viuda de D. Diego Pagador.
Fregenal de la Sierra	D. Juan y D. Vicente Sanchez.
Haba	D. Alonso Calderon.
	D. Pedro Pablo Campos.
Higuera la Real	D. José Clarós Rodriguez.
Higuera de Vargas	D. Diego Campanon.
	D. Francisco Cañedo.
	D. Juan Gonaz Cerrada.
Hornachos	D. Francisco Cantador.
	D.ª Isabel Cabanillas.
Jerez de los Caballeros	D. Antonio Estéban Montero.
	D. Crisanto Martinez.
	Sr. Conde de la Corte.

Jerez de los Caballeros.	D. Francisco Moreno.	
	D. Francisco García Crespo.	
	D. José Antonio Cabrera.	
	D. Manuel Fernandez.	
	D. Miguel Reales.	
	D.ª Pilar Sotomayor.	
	D. Ramon Esteban Ferrando.	
	Viuda de D. Miguel Jurado.	
Loban	D.ª Ana de Mena.	
	D. Cristóbal Martin.	
	D.ª Leonor Lozano.	
Llerena	D. José Montero.	
	D. Tomás Montero	
Llera	D. Joaquin Torres.	
	Sra. Viuda de Romero.	
Magacela . . .	D. Manuel Ramirez.	
Medellín	D. Manuel Pedraza.	
Medina de las Torres.	D. Miguel Landa.	
Montijo	D. ... García.	

Puebla de la Calzada..	D. Bartolomé Coca..	
	D. Diego Gragera.	
	D.ª Eloisa García.	
Puebla del Prior..........	D. Manuel Luque.	
Segura de Leon..........	Herederos de D. José Gomez. . . .	
Ribera del Fresno.......	D. Manuel Fernandez.	
Talarrubias	D. Bernardo García.	
	D. Francisco García.	
	D. Pablo Garcia.	
Usagre.......	D. Agustin de la Cámara.	
	D.ª Cármen Montero.	
	D. Domingo Lopez.	
	D. Joaquin Miranda.	
	D. Vicente Martinez.	
Valle de Matamoros	D. Pedro Mendez.	
Valencia del Ventoso	D. Guillermo Barroso.	
	D. Pedro Barroso.	
	Viuda de D. Esteban Hidalgo. . . .	
Valverde de Leganés.	D.ª Luisa Ardila.	

Valverde de Leganés.	D. Juan Manuel Suero.	
	D.ᵃ Maria Granadillo.	
Villafranca de losBarros	D. Antonio Sanchez Arjona.	
	D. Fernando Sanchez Arjona.	
	D. Gerónimo Vaca Montero.	
	D. José Arjona y Vaca.	
	D.ᵃ Juliana Monsalve.	
	D. Benito Marin.	
	D. Domingo Lopez.	
	D. Francisco Salamanca.	
	D. José Gallego.	
	D. José Claro.	
Zafra	D. José María Albarran	
	D. José de Vera.	
	D. José María Barrientos.	
	D. Martin Santamaría.	
	D. Rodrigo Vaca.	
	D. Tiburcio Marquez.	
Zahinos	D. José María Peche.	

PROVINCIA DE CÁCERES.

CRIADORES QUE EXISTEN.

Alcántara ..
- D. Andrés Sande. . . . .
- D. Fernando Villegas. . . . . . .
- D. Juan Malpartida. . . . . . .
- D. Justo Villarroel. . . . . . .
- D. Lorenzo Bernaldez. . . . . . .
- D. Lino Claver. . . . .
- D. Roman Dominguez. . . . . .
- D. Vicente Villarroel. . . . . . .

Alcollarin ..
- D. Francisco Cuadrado Moreno. . . . .
- D. Pedro Bernaldo. . . . .
- D. Rodrigo Cuadrado. . . . . . .

Brozas.......
- D. Agustin Orellana. . . . . . .
- D. Fernando Orellana. . . . . . .
- D. Francisco Rosado Vallejo. . . . . .
- D. Francisco Diaz Grisabro. . . . .
- D. Ignacio y D. Fabian Nizo. . . . .
- D. Miguel Ortiz. . . . .

D. Pedro Paredes. . . . . . .

D. Pedro Dominguez. . . . . . .

D. Julian Vivas. . . . .

D. Vicente Ortiz Durán. . . . . . .

D. Francisco Colmenero. . . . . .

D. Marcelino Torres. . . . .

D. Cipriano Peña. . . . .

D. Lorenzo Lopez. . . . .

D. Félix García. . . . .

Brozas . . . . Sr. Conde de la Encina. . . . . . .

D. Pedro José Elviro. . . . . . .

D. Eusebio Andrés Rega. . . . . .

D. Juan Lisaur. . . . .

D. Vicente Lopez. . . . .

D. Casildo Gonzalez. . . . . . .

D. Juan Quiñones. . . . .

D. Antonio Gonzalez Barriga. . . . .

D. Casimiro Rosado. . . . . . .

D. Antonio Rosado Durán.. . . . . .

	Sr. Conde de Adanero. . . . . .
	Sra. Condesa de Torres Arias. . . .
	Sra. Marquesa del Reino. . . . .
	Sr. Marqués de Torre Orgaz. . . . .
	D. Antonio Torres de Castro. . . .
Cáceres.....	D. Manuel Muro. . . . . . .
	Sr. Vizconde de la Torre. . . . .
	D. Santos Muñoz. . . . . . .
	D. Juan Varela . . . .
	D. Diego Carbajal. . . . . .
	Sr. Marqués de Santa Marta. . . .
Cañamero ..	D. Pedro Cuadrado. . . . . .
	D. Miguel Pazos. . . . . . .
Casa Tejada	D. Diego Gonzalez. . . . . .
	D. Agustin Ramos.. . . . . .
Cilleros.....	D. Bonifacio Montero... . . . .
Carbajo.....'.	D. Antonio Acuña. . . . . . .
Deleitosa...	D. Juan Albarado. . . . . .
Hervas......	D. Antonio Nieto. . . . . .

Logrosan ...	D. José Calzada.	☿
	D. Juan Peña.	2
	D. Bartolomé Pulido.	♋
Madriga-lejo	D. Fermin García Fortuna	♅
	D. Juan Mateos Gallegos.	
	D. Manuel Gallegos.	
	D. Vicente Gonzalez.	M
	D. Juan Ciudad.	T
	D.ª Elisa y D.ª Lorenza Fortuna. . . .	♄
Madroñera.	D. Andrés Sanchez Diaz.	
	D. Alonso Sanchez..	
	D. Diego Sanchez.	
	D. Fulgencio Sanchez Rodriguez.	♇
	D. Juan Torres..	Y
	D. Juan José Solís.	
	D. Lucas Abril.	
	D. Francisco Sanchez.	
	D. Miguel Montero	Y
Membrio ...	D. Diego Paniagua..	♀

Membrio....	D. Alejandro Mendez.	M
	D. José Lopez..	☥
	D. Bartolomé Barrientos.	⚥
	D. Juan Araujo.	⚒
Miajadas....	D.ª María Sacramento.	人
	D. Pedro Marquez..	⚭
Moraleja....	D. Miguel Aleman..	AL
	D. Desiderio Mangas.	R
Plasencia...	D. Joaquin Leal.	Ⓓ
	D. Juan Ocaña..	
	Viuda de D. Antonio Delgado.. . . .	
Plasenzuela	D. Manuel Ortiz.	B
	D. Benito Sanchez..	
	D. Benito Gil.	
	D. Francisco Lubiano..	+
	D. Santiago Toril.	
Ruanes......	D. Vicente Figueroa.	☽
	D. Alfonso Leon.	
Salvatierra de Santiago	D. Domingo Canchal..	♂

Salvatierra de Santiago	D. Juan Campos.	*D*	Y
Salorino.....	D. Diego Paniagua..	P	X
Puerto de Santa Cruz.	Viuda de D. Benito Cillan		Y
Villamen-cia.............	D. Pedro Bravo.	ch	M
Torrecilla..	D. Manuel Chaves.	||	Ó
	D. Francisco Sanchez..	Λ	N
Villa del Rey	D. Antonio Moreno.	C	B
	D. Silvestre Moreno.	C	A
	D. Miguel Tinoco.	C	IA
	D. Juan Gilete.	F	
Trujillo.....	Sr. Marqués de la Conquista.	A	
	D. Antonio Nevado.	B	
	D. Manuel Aloe.		
	D. Benito Teruel.		
	D. Fabian Orellana.		
	D. Francisco Elias Nogales.. . . .		
	D. José Martinez.		
	D. José Aguilar.		
	D. José Riesco.		

	D. Juan Manuel Fernandez.	
	D. Lorenzo Aragon.	
	D.ª Antonia García.	
	D. Santiago Martinez.	
	D. Vicente Calzada	
	D. Vicente Nuñez.	
Trujillo.	D. Eduardo Nieto.	
	D. Vicente Martinez.	
	D. Antonio Mateo.	
	D. Diego Sanchez.	
	D. Aureliano Guadiana.	
	D. Manuel Grande.	
	D. Anselmo Blazquez.	
	D. Eleuterio Peñaranda.	
	D. Pedro Sandoval.	
Valencia de Alcántara.	D. Pascasio Redondo.	
	D. Amalio Sanchez Carballo.	
	D. Manuel Sandoval.	
	D. Roman Carballo	

Valencia de Alcántara.	D. Angel Peñaranda.	𝒫	O
	D.ª Ana Cano.	🜂	𝓜
	D. Antonio Guillen.	𝒴	⊕
	D. José Cano.		8
Zorita	D. Juan Bernardo.		
	D. Pedro Casillas, ...	F	M
	D. Manuel Gil.		⌣
	D. Pedro Broncano.	R	
	D. Lúcio Moreno.		A
	D. Márcos Sargado	𝒯𝒮	
	D. Juan Sanchez.		S
La Mata	D. Jesus Fanegas.	🜨	H
	D. Claudio Salgado.		
	D. Francisco Durán.		
	D. Julian Salgado.	𝓛𝒮	
Santiago de Carbajo.	D. Luis Flores.		
	D. Luis Galabis.	𝒥	
	D. Isidoro Saavedra.		
Valencia	D. Manuel Perez García.	♡	

Valencia....	D. Bonifacio Lopez..	
	D. Juan Gonzalez Marquez.	
	D. Pedro Barbado.	
Escorial.....	D. Juan Celestino.	
Herreruela.	D. Felipe Lumbreras.	
	D. Juan Sanchez..	
Navas del Madroño....	D. Manuel Marcelino Galan.	
	D. Gracia Galan Dominguez.	
	D. Nicolás Patron.	
El Campo...	D. Antonio Pacheco.	
Garcias......	Viuda de D. Rodrigo Abril.	
	Parada del Estado.	

CRIADORES QUE HAN DEJADO DE SERLO.

Alcántara...	D. Alejandro Fernandez.	
Brozas......	D. Antonio de Vargas.	
	D. Gerónimo Corchado.	
	D. Joaquin Santiago Colmenero. . . .	

Brozas	D. José de Meneses.	
	D. José Cáceres.	
	D. Manuel Lizan.	
Cáceres	D. Joaquin Cabrera.	
	D. Pedro de la Riva.	
Galisteo	D. Martin Blasco.	
	Sra. Viuda de D. Rodrigo Abril. . . .	
Madriga-lejo	D. Juan García Fortuna.	
	D. Pedro García Fortuna.	
Madroñera	D. Andrés Sanchez, mayor.	
	D. Ramon Barrado.	
Plasenzuela	D. Gerónimo Sanchez.	
	D. Juan Gil.	
Ruanes	D. Pedro Avila.	
Salorina	Sra. Viuda de Romero é hijos. . . .	
Trujillo	D.ª Agustina Orellana.	
	D. Antonio Nieto.	
	D. Antonio Spina.	
	D. Antonio Orellana.	

17

	D. Guillermo Martinez.	
	D. Hipólito Gendre.	
	D. Jacoba Serrano Nogales.	
	D. José Orellana.	
Trujillo......	D. Juan Rubio García.	
	D. Lorenzo Barreno.	
	D.ª María Alvarez.	
	D.ª Juana de la Vega.	
	D. Manuel Malo.	
	D. Antonio Fernandez Pastor.	
Valencia de Alcántara.	D. Manuel Fragoso.	
	D. Ramon Magallanes.	
Zorita........	D. Ventura Gomez.	

PROVINCIA DE CIUDAD REAL.

CRIADORES QUE EXISTEN.

		Hierro	Señal
Ciudad Real	D. Gaspar Muñoz.	‡	◊
	D. José Maldonado.	Ƈ	Ⴔ
	D. José Medrano.	Ϲ	Ƀ
	Sr. Marqués de Treviño.	M	EM
	Sr. Conde de Montes-claros.	A	
	D. José Ibarrola.		
	D. Juan Almagro.	g	ℳ
	D.ᵃ Dolores de Mendoza.	R	ℋ
	Herederos de D. Félix García.		
	D. Ramon Maldonado.		∿
Poblete	D. Tomás Romero.		
	D. José María Carrion.		A
Corral de Caracuel	D.ᵃ Micaela Vela.	⅄	
	D.ᵃ Josefa Sales.		
	D. Fermin Rubio.		
	D.ᵃ María Monecillo.	6	
Pozuelos	D. Pedro Ramon Infantes.	RR	

Pozuelos.... D. Antonio Ruiz.

Cabezarados
D. Pedro Yevenes.
D. Estanislao Monecillo.
D. Antonio Zamora.
D. Roque Zamora.

Albenojar
D. Pascasio Rey.
D. Valentin García.
D. José Nogales.
D. José Cendros.

Saceruela... D. Nicolás Fernandez Valmayor.

Agudo...... D. Isidro Navas.

Chillón..... D. Pablo Yedros.

Almaden
D. José Madariaga.
D. Pedro Nieto Muñoz.
D. José Cabanillas.

Alamillos
D. José Morales.
D. José Iruela.
D. José Villa.
D. Manuel Morales.

Almadene-jos	Herederos del Excmo. Sr. D. Rafael Caba-nillas	
Fontanosa..	D. Francisco Soriano.	
Viñuela	D. Vicente Barona.	
Brazatortas	D. Félix Sanchez Molina.	
	Viuda de D. Gregorio Lozano.	
	D. Victoriano Aragon.	
	D. Diego Fernandez.	
	D. Santos Sanchez y Sola..	
	D. Toribio Sanchez Molina.	
Tirteafuera	D. Santiago Alarcon.	
	D. Luis Soto.	
	D. Estéban Zamora.	
Villamayor	D. Silvestre Sanchez Molina.	
	D. Manuel Molina.	
	D. Manuel Carrion.	
Argamasi-lla de Cala-trava	D. Ramon Castellanos.	
	D. José Félix Maestre..	
	D.ª Antonia Cabezas.	
	D. Aquilino Tardío.	

Argamasilla de Calatrava	D. Silvestre Castellanos, ...	X
Almodovar.	D. Mariano García.	H
Puertollano	D. José Moreno.	A
	D. José Domingo Maestre.	
	D. José Moró.	
Mestanza...	D. Cristóbal Camacho.	M
	D. Manuel Toledano.	
Ballesteros.	D. Tomás Golderos.	M
	D. Ramon Rodriguez.	G
	D. Pedro Montes.	
Pozuelo de Calatrava.	D. Manuel Rosales Nieto.	R
	D. Santiago Hornero.	N
	D. Olallo Muñoz.	M
La Cañada.	D. Agustin Delgado.	△
Migueltur-ra	D. Ramon Gomez.	A
	D. Ramon Vivas.	J
	D. Ramon Trujillo.	R
Picon.........	D. Ceferino Catalán.	R
	D. Ramon Plaza.	C

Localidad	Nombre
Valverde....	D. José Martin..
	D. Manuel Ibañez..
Piedra Buena...........	D.ª Bibiana Rodriguez..
Alcolea	D. Benito Plaza.
	D. Fermin Sanchez.
Puebla de D. Rodrigo.	D. Cándido Nicolás.
Porzuna.....	D. Narciso Nieto.
	D. Eugenio García..
	D. Demetrio Fuentes.
	D. Raimundo Lopez.
Malagon	D. Gregorio María Moya.
Fuente del Fresno	D. Amalio Carrasco.
	D. Patricio Legrusau.
	D. Lucas Serna.
Villarrubia de los Ojos.	D. Manuel Heredia.
	D. Canuto Milla.
	D.ª Manuela Pintado.
	D. Antonio Arenas..
	D. Pascual Diaz.

Villarrubia de los Ojos.	D. José Carabantes.	
	D.ª María Antonia Rico.	
Las Labores	D. José Mascarate.	
	D. José Calcerrada.	
Arenas de S. Juan.......	D. Patricio Romero.	
Villarta......	D. Joaquin Espinosa.	
Herencia....	D. Manuel de Mora.	
Alcazar de S. Juan,......	D. Juan Alvarez Guerra.	
	D. Emilio Anaya.	
Pedro Mu-ñoz	D. Julian García.	
Campo de Criptana	Sr. Conde de las Cabezuelas. . . .	
	D. Juan Bautista Baillo.	
	D. José María Melgarejo.	
Tomelloso..	D. Victor Cepeda.	
	D. Antonio Carranza.	
Alhambra..	D. Antonio Alarcon.	
Carrizosa...	D. Antonio Parra.	
	D. Antonio Rodriguez.	
Villaher-mosa..	D. Arriano Martinez.	

=139=

Villanueva de la Fuente	D. Blas Castaños. . . . . .
Terrinches.	D. Benito Calomarde. . . . . .
Santa Cruz de los Cáñamos.....	D. Santiago Rubio. . . . . .
Almedina...	D. Francisco Diaz. . . . . .
Villamanrique.........	D. Atanasio del Amo. . . . .
Torre de Juan Abad.	Excmo. Sr. Marqués de Villamediana.
	D. Juan Ramon Velez. . . . . .
Cozar........	D. Manuel Ibañez. . . . . .
Infantes.....	D. Ramon Melgarejo. . . . .
	D. José Fontes. . . . . .
	D. Antonio Moreno. . . . .
	D. Antonio Melgarejo. . . . .
S. Cárlos del Valle....	D. Joaquin Muñoz y Carrillo. . .
Daimiel......	D. Celestino Lozano. . . . .
	D. Joaquin Camacho. . . . .
	D. Santiago Mancebo. . . . .
Torralba....	D. José Antonio Bernardo. . . .
Almagro....	D. José Escobar y Bieja. . . .
	D. Andrés de Torres. . . . .

18

Moral de Calatrava...
- D. Rufino Echalecu. . . . .
- D. José Gimenez. . . . .
- D. Cristóbal Perez. . . . .

Santa Cruz de Mudela.
- D. Sebastian Mediano. . . . . . .
- D. Rafael Maestre. . . . .
- D.ᵃ Rosario Caballero. . . . . . .

Torrenueva
- D. Pedro Vicente Caballero. . . . . .
- D. Basilio de la Rufa. . . . . . .

Almuradiel. D. Manuel Fernandez. . . . . . .

CRIADORES QUE HAN DEJADO DE SERLO.

Poblete ......
- D. Manuel García. . . . .
- D. Luis Paton. . . . .

Albenojar... D. Gregorio Lillo. . . . . . .

Chillon ...... D. José Fernandez. . . . . . .

Almadene-jos........
- D. Ambrosio Mancebo. . . . . .

Brazatortas. D. Francisco Toledano. . . . . .

Almodovar. { D. Felipe Corchado. . . . .

D. Alfonso Ruiz. . . . .

Mestanza... D. Miguel García. . . . .

Argamasi-
lla de Alba. { D. Vicente Aliaga. . . . .

Valdepeñas D. Juan Bautista Laborda. . . . . . .

Viso del
Marqués.... { D. Vicente Fernandez. . . . . . .

PROVINCIA DE GRANADA.

CRIADORES QUE EXISTEN.

Campotejar. D. José García. . . . .

Montillana
- D. Francisco Contreras. . . . .
- D. Juan Contreras. . . . .
- D. Francisco Muñoz. . . . . . .
- D. Antonio Lopez. . . . . . .
- D. Juan Polonio Muñoz. . . . . .

Albolote..... D. Cárlos Calderon. . . . . . .

Atarfe........
- D. Gonzalo Enriquez. . . . .
- D. José María Enriquez. . . . . . .

Pinos Puente............
- D. Juan de los Ríos. . . . . . .
- D. Antonio Moya. . . . .
- D. José Ureña. . . . .
- D. Francisco Prada. . . . . . .
- D. José Perea. . . . .

Granada ....
- D. José Lopez Barajas. . . . . .
- D. Francisco Reyes. . . . . . .
- D. Manuel Diaz. . . . .

Granada	D. José Ruiz Clavero.		
	D. Manuel Medina.		
	D. José Morón.		
	D. Domingo Fernandez.		
	D. Antonio Diez de Rivera.		
	D. José Toledo.		
	D. Francisco Molero.		
	D. Salvador Montoro.		
	Sr. Marqués de Casa-blanca. . . .		
	D. Luis Dávila.		
	Excmo. Sr. Duque de Ciudad Rodrigo. .		
	Excmo. Sr. Duque de Gor.		
	D. Antonio Ureña.		
	D. Ramon La Chica.		
Daifontes	D. Francisco Fernandez Perez. . . .		
	D. Salvador Carrillo.		
Iznalloz	D. Francisco Oviedo.		
	D. José María Muñoz.		
Piñar	D. José Fernandez.		

Pilar.........	D. Manuel Luzon.	
	D. Leandro Luzon.	
	D. José Albea.	
	D. Juan de Torres.	
Montejicar.	D. Bruno Ramirez.	
	D. José Molina.	
	D. José Contreras.	
Guadahor-tuña	D. Francisco Vinuesa.	
	D. Jacinto Justicia.	
	D. Felipe Martinez.	
	D. Antonio Martinez.	
	D. Juan Sanchez.	
	D. Antonio Justicia.	
Gobernador.	D. Antonio Martinez.	
Pedro Mar-tinez.......	D. Manuel del Valle.	
Alamedilla.	D.ª María Muela.	
	D.ª Maria Manjon.	
	D. Antonio Gerez Guevara.	
Dehesas	D. Juan Martinez.	

Dehesas ..... {	D. Ildefonso del Valle.	
	D. José Rivas.	
	D. Ildefonso de la Paz.	
	D. Ruperto Ramal.	
Puebla de D. Fadrique {	D. Santiago Sanchez.	
	D. Antonio Rodriguez.	
	D. Salvador Romero.	
	D. Juan García.	
Orce..........	D. Feliciano de Torres.	
Galera.......	D. Ildefonso Fresuela.	
Cullar de Baza .... {	D. Manuel Búrgos.	
	D. Francisco Búrgos.	
Benamaurel .... {	D. Juan Asensio.	
	D. Juan Vizcaino.	
Guadix....... {	D. José Requena.	
	D. Pedro Cañas.	
Purullena.. {	D. Miguel Castillo.	
	D. Miguel Carmona.	
Diezma.......	D. Manuel García Molero.	

Diezma	D. Antonio García Molero.	
	D. José García Molero.	
Dolar	D. Gerónimo Fernandez.	
Huéneja	D. Dionisio Martinez.	
	D. José Martinez.	
Padul	D. Andrés Molina.	
Purchil	D. José Alaníz.	
	D. Antonio Barranco.	
	D.ª María de Gracia.	
Gabia la Grande	D. Cristobal de Plaza.	
Armilla	D. José García.	
	D. Francisco de Paula Mata. . . .	
	D. Manuel García Mata.	
Santa Fé	D. Francisco García Cuellar. . . .	
	D. Luis Pacheco.	
	D. Juan Gonzalez.	
Jau	D. Antonio Gonzalez.	
Chauchina.	D. José Ruiz.	
Fuente Vaqueros	D. José Salses.	

Cijuela.......	D. Juan de Rueda..	
Agrón......	D. Antonio Muñoz.	
	D. Luis María del Corral..	
	D. Luis José del Corral.	
	D. José Banchant.	
	D. Juan Negro Gimenez.	
	D. Francisco Sales Gimcnez.	
	D. Lúcas Raya..	
	D. Francisco Cabello Negro.	
	D. Cristobal Velasco.	
Alhama......	D. Manuel Lopez Cozar.	
	D. Antonio Gomez.	
	D. Salvador Peña Crespo.	
	D. Juan de Raya.	
	D. Francisco Gimenez Peña..	
	D. José Gimenez Peña.	
	D. Francisco Raya Trescastro. . . .	
	D. José María la Peña.	
	D. Luis Lopez Vinuesa.	

19

D. José Perez Navarro.

D.ª María Jesus Moron.

D.ª Ana Negro.

D. Sebastian Nabero.

D. Ignacio Mijoler.

D. Mariano Aranzor.

D. Juan Luis Trescastro.

D. Mariano Lopez.

D. Antonio Luis Montes.

Alhama. D. Juan Martos Cozar.

D. Luis Carames.

D. Mariano Puerta.

D. José Fernandez.

D. Francisco Sanchez.

D.ª Teresa de Padilla.

D. José Velasco.

D. Juan Retamero Castro.

D. Cristóbal Espejo.

Moraleda D. Francisco de Coca.

Huetor Ta-jar.........	D. José Carrillo.	
	D. José Muñoz..	
	D. Mariano Ceballos.	
	D. Francisco Fonsecas.	
	D. Antonio Rodriguez	
	D. Juan Tejada.	
	D. Miguel Palomino.	
	D. Antonio Quesada.	
	D. Antonio Valverde.	
	D. Manuel Fernandez Gallardo. . . .	
Loja.........	D. Pedro Cantero.	
	D. Diego Martinez Cozar.	
	D. Tomás Escobar..	
	D. Francisco Collado.	
	D. Antonio Perez Rubio.	
	D. Manuel Vivas.	
	D. Francisco de Paula Romero. . . .	
	Excmo. Sr. Duque de Valencia. . . .	
	D. Manuel de Campos.	

Loja	D. Miguel Calle Gonzalez.	
	D. Manuel Castañeda.	
	D. Antonio Palomino Lopez. . . .	
	D. Francisco Calle Madrid. . . .	
	D. Francisco Moreno Rodriguez. . .	
	D. José Garzon.	
	D. Antonio Aguilera Lopera. . . .	
	D. Juan Megías Trujillo.	
	D. Francisco Nogales Gamiz. . . .	
	D. Francisco Fernandez Córdoba. . . .	
Algarinejo	D. Rafael Palomino Lopez.	
	D. José Campillo, ...	
	D.ª Antonia Cobos.	
Montefrio	D. Francisco Fuensalida.	
	D.ª Josefa de Cuevas.	
	D. Juan Perez.	
	D. Antonio Torres.	
	D. Rafael Fuensalida.	
Alomartes	D. Dionisio Caballero.	

Moclin......	D. Andrés Lucena.	
	D. José Bolivar..	
	D. Antonio Gimenez Arrioja.	
	D. José Prieto.	
	D. Juan Lucena..	
	D. Francisco Alcalá.	
	D. Manuel Rosales..	
	D. Juan Valverde.	
Colomera...	D. Antonio Bolivar..	
	D. Juan de Dios Bolivar.	
	D.ª Josefa Perez.	
	D. Antonio Valverde.	
	D. José de Castro.	
Benalua de las Villas.	D. Manuel Raya.	
	D. Manuel Romero..	
	D. José Ortega..	
	D. Juan Miguel Bolivar.	
	D. Francisco Alarcon.	
Dehesa Vieja..........	D.ª Francisca Lozano.	

Dehesa Vie-
ja...........
{
D. Miguel Ramirez Lozano. . . . . H

D. Miguel Lozano. . . . .

D. Juan Lozano. . . . . H
}

CRIADORES QUE HAN DEJADO DE SERLO.

Granada..... {
D. Antonio Diaz. . . . . Dz

D. Francisco Muñoz Cabaruz. . . . . M z
}

Alfacar....... D. Francisco Fernandez. . . . . $\mathcal{f}$ ⵜ

Guadahor-
tuna ....
{ D. Cristóbal Gimenez. . . . . . . J   ⊗

Alicun .... D. Juan García. . . . .   ✝

Loja..........°. {
D. Françisco de Paula Calle. . . . . .

D. Salvador Casaley. CC

D. Juan Matas. . . . .

D.ª Dolores Cozar. . . . . 木
}

PROVINCIA DE JAEN.

CRIADORES QUE EXISTEN.

Ubeda	Sr. Marqués del Donadío.	
	Sr. Marqués de Vesmeliana.	
	D. Francisco de Paula Aguilar. . . .	
	D.ª Josefa Cobo Diaz.	
	D. Ramon Mesías.	
	D. Bartolomé Moreno Lopez.	
	D.ª Isabel Aguilar.	
	Excmo. Sr. Marqués de la Rambla. . .	
	D. Rodrigo Catena.	
	D. Luis María Heredero.	
Torre de Pero Gil	D. Luis Martinez.	
	D. Diego Martinez.	
	D. Juan Arredondo.	
	D. Diego Muñoz Cobos.	
	D. Francisco Quesada.	
Ibros	D. Antonio Manuel Garrido.	
Jabalquinto	D. Francisco Palacios.	

Jabalquinto.	D. Fernando Troyano..	
Linares	D. Luis Granados.	
	D. Antonio Zambrano.	
	D. Juan Martinez Rubio.	
	D. José Velasco.	
Baeza	D. Andrés Fontecilla.	
	D. Juan Nebrera.	
	D. Antonio Santamaría.	
	D. Antonio Joaquin Viedma.	
	D. Juan Balcuende..	
	D. Juan Montoro.	
	D. Juan Manuel de Robles.	
Santa Elena.	D. Martin Noguera..	
Vilches	D. Antonio de la Herrera..	
	D. Pedro Felipe Conejero..	
	D. Miguel Remigio Conejero.	
	D. Andrés Martinez Godino.	
	D. Antonio Paulo Peña.	
	D. Santiago Jiscer..	

Vilches	D. Miguel García.	
	D. Pedro Martinez.	
	D. Francisco de la Herrera Puerta. .	
	D. Antonio de la Herrera Fernandez. .	
	D. Juan de Dios Martinez.	
	D. Mateo Martinez.	
	D. Juan Ramon Ruiz.	
Carolina	D. Martin de Cozar.	
La Laguna	D. José Manuel Collado.	
Torreque-bradilla	D. Pedro Ignacio Martinez	
Mancha Real	D. Ildefonso Calatrava.	
	D. Juan Bautista Guzman.	
	D. Lorenzo Morrilla.	
Cazorla	D. Juan de la Cruz la Torre.	
	D. Ildefonso Rodriguez.	
Villacarri-llo	D. Bernabé Zúñiga.	
	D. Antonio Benavides.	
Jaen	D. Feliciano del Rio.	
	Sr. Marqués de Blanco-hermoso. . . .	

20

D. Pedro Calvet. . . . .

D. Antonio Charte. . . . .

D. Antonio Armenta. . . . . . .

D. Bernardo Charte. . . . . . .

D. Manuel Carrillo. . . . . . .

D. José Uribe. . . . .

D. Tomás Colmenero. . . . . .

D. Enrique Berro. . . . . . .

Jaen . . . . D. Antonio Guzman. . . . . . .

D. Antonio Salido. . . . . . .

Sr. Marqués de Navasequilla. . . . .

D. Ramon Quesada. . . . . .

D. Ramon de Torres. . . . . .

D. Gerónimo Gimenez. . . . . .

D. Amando Carrillo. . . . . .

D. Nicasio Valenzuela. . . . . .

Sr. Marqués de la Merced. . . . .

Andujar . . . . . Sr. Conde de la Lisea. . . . .

Sr. Conde de la Quinteria. . . . .

Anduhar.....	D. Antonio Mesía.	MS
	D. Antonio Ramirez.	
	D. Antonio Candalija.	C
Arjonilla....	D. José Garcia.	
	D.ª María Clara Vargas.	R
	D. José Herraeti.	
	D.ª Beatriz de Ubeda.	M
	D. Martin Cobos.	
	D. Bernabé Cobos.	M
	D. Francisco Talero.	
	D. Mateo de Lara.	M
Arjona.......	D. Manuel de Lara.	
	D. Francisco Navarro.	N
	Herederos de D. José María Prieto. . .	
	D. Luis Ruano.	R
	D. Tomás Ruano.	
	D. Diego Serrano.	D
	D. Fernando Contreras.	
	D.ª Ana Acebrón.	S

Arjona	D. Gabriel Laguna.	R
	D. José Porras.	Ⓡ
	D. Antonio de Lara.	ⓡ
Porcuna	D. Manuel Guerrero.	A
	D.ª Manuela Torres.	
	D. Benito Aguilera.	
	D. Juan Perez Moreno.	R.ᴧ
	D. Manuel Benito Morente.	
	D. José Adana.	✕
	D. Pedro Aguilera.	
	D. José María Gallo.	✛
	D. Manuel Morente.	
Lopera	D. Antonio Moreno.	Mº
	D. Bartolomé Valenzuela.	
	D. Francisco de la Atota.	M
Escañuela ..	Excmo. Sr. C. General D. Francisco Serrano Dominguez.	
Torregimeno	D. Francisco de Paula Fuentes. . . .	ℱ
	D. Francisco de Paula Torres.	
	D. Luis Villarta.	⊬

Torregime-no	D. Manuel Gallo.	P
	D. Juan Gomez..	n
	D.ª Teresa Gomez.	n
Torrecam-po	D. Francisco Porras.	
	D. Pedro Ayora.	PA
	D. Gabriel Callejon.	
	D. Manuel Zafra.	Z
	D. Antonio Porras..	
	D. Manuel Gimenez.	H
	D. Pedro Vilches.	
	D. Pablo Gimenez.	k
	D. Alejo Moreno.	
Martos	D. Juan Muñoz.	M
	D. José Teodoro Castillo.	
	D. Ildefonso Ortega.	H
	D. Pablo Masoliber.	♂
Higuera de Calatrava	D. Francisco Montoro..	
	D. Antonio Molina.	
	D. Martin García Hidalgo.	G

Higuera de Calatrava.	D.ª María Josefa de Lara.	
	D. Juan de Parra.	
Santiago de Calatrava.	D. Francisco Bueno.	
	D. Pedro Lopez.	
	D. Diego Lopez.	
	D. Manuel Antonio Bueno. . . .	
	D. Juan Lopez Huelva.	
	D.ª Concepcion Bueno.	
	D.ª Josefa Carrillo.	
Cabra de Sto. Cristo..	D. Ildefonso Rodriguez.	
	D. Ildefonso Caro.	
	D. Ramon Abril.	
Campillo de Arenas....	D. Antonio José Lozano.	
	D. Manuel Romero.	
	D. Leandro Valenzuela.	
	D. Pedro María Muñoz.	
Alcaudete..	D. Miguel Romero.	
	D. Alejandro Garcia.	
	D. Antonio Aguilera.	

Espeluy ..... D. José María Palacios. . . . .

D. Antonio Lendinez. . . . .

D. Sebastian Lendinez. . . . . . .

D. Juan del Moral. . . . . . .

D. Francisco Valero. . . . . . .

D. Antonio Navarro. . . . . . .

D. Rodrigo Aranda. . . . . . .

Villargordo D. Manuel Lopez, mayor. . . . . .

D.ª Rosalía del Moral. . . . . . .

D. Bartolomé del Moral. . . . . .

D. José del Moral. . . . .

D. Juan Francisco Aranda. . . . . .

D. Antonio del Moral. . . . . . .

D. Juan Aranda. . . . .

D. Juan de la Cruz Sanchez. . . . . .

D.ª Josefa Zafra. . . . .

Alcalá Real. D. Juan Santa Olalla. . . . . . .

D. Gregorio Abril. . . . . . .

D. Manuel Melero. . . . .

Alcalá Real. {
D. Rodrigo Castillo. . . . . . .

D. Francisco Bermudez. . . . . .
}

Castillo de Locubin..... {
D. Juan Manuel Castillo. . . . . .

Parada del Estado. . . . .
}

CRIADORES QUE HAN DEJADO DE SERLO.

Baeza......... D. Francisco Sandoval. . . . . .

Arjonilla.... D. Manuel García. . . . . . .

PROVINCIA DE MÁLAGA.

	Criador	Hierro
	D. Rafael Pinzon.	⚷
	D. Rafael Rodriguez Herrera.	♁
	D. Ignacio Ruiz	♀
	D. Alonso Valdivia.	⛢
	D. Gaspar Atienza.	♋
	D. Manuel Gomez de la Cortina.	ℳ
	D. Rafael Giles.	PG
	D. Francisco Ponce.	Φ
Ronda	D. José Pinzon.	♂
	D. Bartolomé Reguera.	♀
	D. Juan Ruiz.	⚶
	D. Francisco Serna.	𝓶
	D. Diego Castaño Parejo.	⚶
	D. Joaquin Serna.	S
	D. Antonio Atienza.	Æ
	D. Manuel Rodriguez.	FG
	Sr. Marqués de Salvatierra.	℞

21

Casares	D. Diego Ledesma.	
	D. José de Salas.	
	D. Francisco Infante Gonzalez.	
	D. Juan Romo Ledesma.	
	D. José Infante Gonzalez.	
	D. Ignacio de Salas.	
Marbella	D. José Artola Villalobos.	
Málaga	D. Antonio Navarro.	
	D. Rafael Garcia del Cid.	
	D. Vicente Gomez Sancho.	
	D. Gaspar Navarro.	
	D. Joaquin Santaella.	
	D. José Torres Bonifaz.	
	D. Francisco de Paula Alhi Mellado.	
	D. José García del Cid.	
	D. José Sanchez.	
	D. Vicente Rafael de Salas.	
	D. Manuel Peral,	
	D. Salvador Barroso.	

Málaga	D. Juan Rodriguez Barroso.	
	D. Andrés Rodriguez Sanchez. . . .	
	D. Juan Lafuente.	
	D. José Salazar y hermanos. . . .	
Velez Málaga	D. Federico Acosta.	
	D. José Ortega Alamo.	
Colmenar	D. Francisco Gonzalez Peña.	
Casa Bermeja	D. José Durán Fernandez.	
Villanueva de Gauche	D.ª Josefa Mérida.	
Archidona	D. Francisco García Casso.	
	D. Juan Gonzalez.	
	D. Antonio Castro.	
	D. Juan Guerrero García.	
	D. Antonio Nuñez de Castro. . . .	
	D. Francisco Muriel Sarmiento. . . .	
	D. José Espejo Algamarilla.	
	D. Francisco Arjona Galeote. . . .	
	D. Francisco Escobar Moyano. . . .	
	D. Felipe Almoalla.	

Fuente de Piedra........	Sra. Marquesa Viuda de Fuente Piedra. . .	
	Sr. Conde del Tajo.	
Campillos..	D. José Casasola. . . . , . .	
	D. Ildefonso Casasola.	
	D. Antonio Casasola.	
	D. Antonio Asiego.	
	D. Nicolás Corona.	
	D. Salvador Carbajal.	
	D. Rafael Rodriguez Granados. . . .	
	D.ª María Dolores Casasola. . . .	
	D. Juan de Campos.	
Teba..........	D. Diego Durán y Lineros.	
	D. Antonio Hinojosa.	
	D.ª Antonia Gobar.	
	D. Joaquin Peñalver.	
	D. Pablo Ramos.	
Peñarrubia.	Testamentaría de D. Juan Fontalva Roman.	
Antequera..	Sr. Conde de Castillejo.	
	Sra. Marquesa de la Vega.	

D. José Gonzalez del Pino. . . . . .

D. Salvador Gonzalez García... . . . .

D. Juan Barrionuevo. . . . . . .

D. Antonio de la Cámara. . . . . .

D. Fernando Rojas Diez de Tejada. . .

D. Francisco Gonzalez Aguayo. . . .

D. Francisco Ramirez. . . . . . .

D. José Guerrero. . . . .

D.ª María Ligero. . . . .

Antequera. Sr. Marqués de Canche. . . . . .

Sr. Conde de Cartaojal. . . . . .

D. Romualdo Ramirez. . . . . . .

D. Mariano Gonzalez Anleo. . . . .

D. Vicente Robledo. . . . . . .

D. Antonio Enriquez . . . . . .

D. Francisco Ramirez Argüelles. . . .

D. José Lopez Romero. . . . . .

D. José Moreno Burgos. . . . . .

Sr. Marqués de la Peña. . . . . .

Arriate....... { D. Francisco Higuero. . . . . . . ∤C

D. Rodrigo Valencia. . . . . . .

Saurejo...... D. José Milla. . . . . ⚤

Alameda.... D. Andrés Fernandez. . . . . . .

Villanueva { D. Francisco Gonzalez Peña. . . . .
del Rosario.

D. Juan Carnero Gonzalez. . . . .

Almogía..... { D. Juan Torreblanca Escobar.. . . .

D. Juan Beltran. . . . . . .

Casarabo- { D. Manuel Aureoles. . . . . . .
nela...........

Alhaurin de { D. Antonio García del Cid.. . . . .
la Torre..

Monteja- { D. Lorenzo Gomez.. . . . . . .
que...........

D. Bernabé García. . . . . .

Churriana.. { D. José Salazar. . . . . . .

D. Antonio Navarro Gomez. . . . .

Estepona... { D. Antonio Chacon y Galvez.. . . .

D. José Buendia Martin.. . . . . .

CRIADORES QUE HAN DEJADO DE SERLO.

Casares	D. Manuel García.	
Marbella	D. Felipe Diez de Oñate.	
Fuengirola .	D. Joaquin Aragonés.	
Málaga	D Juan Casado.	
	D. Manuel Ortega.	
	D. Fernando Sotelo.	
Archidona ..	D. Manuel de Lara.	
Teba	D.ª Catalina Hinojosa.	
Antequera ..	D. Joaquin Muñoz y Moreno.	
	D. Andrés Romero.	
	D. Francisco de Paula Galvez.	
Alora	D. Salvador Morales.	
	D. Leonardo García Espinosa.	
Almogía	D. Alonso Beltran.	
Alhaurin de la Torre ..	D. Manuel Peral.	
Arriate	D. Juan Higuero.	
Cañete la Real	D. Federico Gutierrez.	

PROVINCIA DE HUELVA.

CRIADORES QUE EXISTEN.

Paterna .....
- D. Antonio Dominguez. . . . . .
- D. José María Moreno. . . . . . .

Hinojos .....
- D. Francisco Ruiz Vargas.. . . . .
- D. Antonio María Zambrano. . . . .
- D. Francisco Javier Aguirre. . . . .
- D. Juan Ponce.. . . . .

Almonte .....
- D. Ignacio Cepeda.. . . . . . .
- D. Miguel Barrera.. . . . . . .
- D.ª Isabel Colorado. . . . . . .
- Viuda de D. Antonio Yañez. . . . .
- D. Alonso Acebedo Rivas. . . . . .
- D. Juan Perez Castilla. . . . . .
- D. Federico Roldan. . . . . . .
- D. Francisco Endrina.. . . . . .
- D. José Valladolid.. . . . . . .
- D. Pedro Colorado. . . . . . .
- D. Juan Antonio Endrina.. . . . . .

D.ª María de Mesa. . . . .

D. Juan Espina. . . . .

D. Antonio Ojeda. . . . .

D. José Corentos. . . . .

Sr. Conde de Cañete. . . . .

D. Francisco Perez Perez.. . . . . .

D. Francisco Martinez.. . . . . . .

D. Francisco Acebedo Rivas. . . . .

D. Manuel Acebedo Rivas. . . . . .

Almonte... { D. Juan Morilla Medina. . . . . . .

D. José Roldan Cala. . . . . . .

D. Miguel Moreno Mayor. . . . . .

D Manuel Acebedo. . . . . . .

D. Francisco Acebedo Roldan. . . . .

D. José Barrera. . . . .

D. Juan Rivas. . . . .

D. Alonso Valladolid. . . . . . .

D. Alonso Perez. . . . .

D. José Dávila. . . . .

22

	D. Manuel Perez Castilla.	
	D. Diego Martin.	
	D. Francisco Moreno.	
	D Francisco Conde.	
Almonte....	D. Pedro Martinez..	
	D. José Calero.	
	D. Juan Millan Medina.	
	D. Antonio Moreno..	
	D. Manuel Moreno..	
Villalba.....	D.ª Josefa Romero y Landa.	
	D. Francisco de Paula Zambrano.. . . .	
	D.ª Maria Josefa Rañon.	
	D. Justo de la Cueva y Vargas. . . .	
La Palma...	D. Juan Roldan.	
	D. Domingo del Barco..	
	D.ª Rosario de la Mora.	
	D. Agustin Diaz.	
Rociana	D. Diego de Acosta.	
Bonares.....	D. Cristóbal Carrasco..	

S. Juan del
Puerto.....   D. José Morales. . . . .

          D.ª Teresa Morales.. . . . . . .

Trigueros. .   D. Luis Cerero. . . . .

Lepe.......... D. Manuel Joaquin Arroyo. . . . .

Gibraleon...   D. Diego Garrido Melgarejo. . . . .

Huelva....... D. Fernando de la Cueva. . . . . .

CRIADORES QUE HAN DEJADO DE SERLO.

Paterna. ....   D. José Marquez. . . . .

Hinojos...... D. Antonio Grifull. . . . .

Trigueros...   D. Francisco Montiel y Antonio Valladares.

          D. José Flores. . . . .

Cala.......... D. Genaro Delgado.. . . . . . .

Encinasola.   Excmo. Sr. D. Juan Gualberto Gonzalez.

PROVINCIA DE MADRID.

CRIADORES QUE EXISTEN.

Aranjuez....
- S. M. la Reina. . . . .
- D. Ambrosio Equiluz. . . . . . .
- D. Juan Gomez de Zayas. . . . .

Ciempozue-los. . . . . Sr. Conde de Palentinos. . . . . . .

Perales del Rio. . . . . Sr. Marqués de Perales. . . . . .

Alameda del Duque.. Excmo. Sr. Duque de Osuna. . . .

Fresno de Torote. . . . . . Sr. Marqués de Valmediano . . .

S. Agustin.. D. Vicente Mariblanca. . . . . .

Argete. . . . . . Sr. Marqués de Alcañices. . . . .

Leganés. . . . . Excmo. Sr. Duque de Tamames. . .

S. Martin de la Vega... D. Nicanor Sevilla. . . . . . .

PROVINCIA DE TOLEDO.

CRIADORES QUE EXISTEN.

Sonseca. . . . . . D. Vicente Antonio Ruiz. . . . . .

Mora. . . . . Sres. Cabrera (compañía). . . . . .

Mora	D. Manuel Cabrera. . . . .
	D. Eustaquio Cabrera. . . . . . .
Mascaraque.	D. Sebastian Herreros. . . . . .
Almonacid.	D. Pablo Cano. . . . .
	D. Telesforo Martinez. . . . . . .
	D. Mariano Lopez de la Torre. . . .
	D. Julian Antonio Sanchez. . . . .
	D. Bonifacio Lopez de la Torre. . . ,
	D. Nicasio Lopez de la Torre. . . . .
	D. Francisco Diaz Cervantes. . . . .
	D. Ildefonso de la Torre. . . . . .
Menasalbas	D. Miguel de Arribas. . . . . . .
	D. Mariano Escalera. . . . . . .
	D. Agustin Esperanza (hijo). . . .
Mocejon.	D. Enrique Martin y D. Genaro Ramirez.
Villaluenga	D. Braulio Rubio. . . . .
	D. Eusebio Nieto. . . . .
	D. Bautista Sanchez. . . . . . .
	D. Clemente Zazo. . . . .

Villaluenga

D. Leonardo Rizaldos. . . . .

D. Juan Dueñas. . . . .

D. Pedro Delgado Acerado. . . . . .

Sr. Conde de Bornos. . . . . . .

D. Felipe Corral. . . . .

D. Vicente Gomez. . . . .

D. Francisco Suarez. . . . . . .

D. Ramon de la Llave. . . . . . .

Talavera de la Reina. D. Pedro Delgado. . . . . . .

D. Miguel de la Llave. . . . . .

Sres. Aguirres. . . . . . .

D. Antonio Uzabal. . . . .

D. José Ortega y Gallardo. . . . . .

D. Francisco Ortega. . . . . . .

D. Anastasio Ortega. . . . . . .

Alcaudete. D. Pedro Mansi. . . . .

Navaher-mosa. D. Alejo García Cuevas. . . . . .

D. Silvestre Sanchez. . . . . .

Villaluenga. D. Luciano Berrio. . . . . . .

Villaluenga	D. Manuel Berrio.	
	D. Salustiano Conejo.	
	D. Saturnino Sanchez.	
	D. Victor Rizaldos.	
Vargas	D. Lino Perez.	
	D. Ignacio Perez.	
	D. José Redondo.	
	D. Manuel Diaz.	
	D. Raimundo del Cerro.	
	D. Pedro Carrasco y D. Manuel Perez.	
Sta. Olalla	D. Anastasio Hierro.	
Mentrida	Excmo. Sr. Duque de Osuna. . . .	
Toledo	D. Ramon Muro.	
	D. Leandro Rodrigo de la Torre. . .	
Villarrubia de Santiago	D. Antonio María Carrasco.	
	D. Alfonso de Toledo y Herrera. . .	
Corral de Almaguer	D. Manuel Barreda.	
	D. Miguel Barreda.	
	D. Julian Guisasola.	
Casa de Belascon	Excmo. Sr. Duque de Veragua. . . .	

PROVINCIA DE AVILA.

CRIADORES QUE EXISTEN.

Avila..........

- D. Agustin Calvo. . . . .
- D. José Benito. . . . .
- D. León Castillo. . . . .
- D. Pio del Castillo. . . . . . .
- D. Pedro León. . . . .
- D. Luciano Iglesias. . . . . . .
- D. Agustin Gimenez. . . . . . .
- D. Andrés Guijarro. . . . . . .
- D. Antonio Navarro. . . . . . .
- D.ª Bárbara Brochero. . . . . . .
- D. Bonifacio Paz. . . . .
- D. Calixto Benito. . . . .
- D.ª Antonia Hernandez. . . . . .
- D.ª Dolores Málaga. . . . . . .
- D. Francisco Javier. . . . . . .
- D. Mariano Kabon. . . . . . .
- D. Mariano Muñoz. . . . . . .

Avila ....

D. Manuel Baquero.. . . . .

D. Antonio Ramos. . . . .

D. Joaquin Muñoz. . . . .

D. Juan Carmona. . . . .

D. José Delgado. . . . .

D.ª Eloisa Serrano. . . . .

D. Genaro Gimenez . . . .

D. Francisco Corió. . . . .

D. Marcos Perez.. . . . .

D. Luciano Salvadios. . . . .

D. Angel Linares. . . . .

D. Vicente Luna. . . . .

Paradas del Estado. . . . .

PROVINCIA DE VALLADOLID.

CRIADORES QUE EXISTEN.

Villalon. .... D. José Vazquez.. . . . .

Rueda........ Sr. Conde de Adanero. . . . . . .

Paradas del Estado.. . . . . . .

PROVINCIA DE ZAMORA.

CRIADORES QUE EXISTEN.

Fuentes de Ropel...... { D. Agustin Rodriguez. . . . . . .

PROVINCIA DE SALAMANCA.

CRIADORES QUE EXISTEN.

Continos.... D. Fernando Tabernero. . . . . .

Amatos...... { D. Saturnino Sanchez. . . . . .

D. Andrés Soto. . . . .

Torrubias... { D. Juan Sanchez. . . . . . .

D. Antonio Sanchez. . . . . .

Santo Tomé D. Santiago Cabaleras.. . . . . .

Estevan Is-dro......... { D. Juan Garcia.. . . . . . .

Terrones.... D. Ventura Sanchez. . . . . . .

Gallegos .... D. Ignacio Sanchez.. . . . . . .

Llen............	D. Manuel Tabernero.	
Calzadilla .	D. Juan Francisco Sanchez.	
Terrones....:	D. Andrés Sanchez.	
Coquilla.....	D. Santiago Sanchez.	
La Moral de Castro.....	D. Alonso Angao.	
Moral de Castro.........	D. Matías Blanco.	
Bodas viejas.............	D. José Manuel García.	
Fuentes de frade.......	Viuda de Maspule.	
Cabezas del Villar......	D. Miguel Monge.	
Salamanca.	D. Mariano Aparicio.	
	D. Bernardo Arteaga.	
Fresno Alandega...	D. José García.	
Cerralbo. ...	Mancomunidad.	
Buena madre.........	Mancomunidad.	

PROVINCIA DE SANTANDER.

CRIADORES QUE EXISTEN.

Paradas del Estado. . . . .

PROVINCIA DE PALENCIA.

CRIADORES QUE EXISTEN.

Villarindas.	D. Norverto Barbadillo.	
Palencia. ...	Paradas del Estado.	

PROVINCIA DE LEON.

CRIADORES QUE EXISTEN.

Villomar....	D. José Fernandez Llamazares. . . .	𝒱𝒮	**M**
Valdelagu— na.........	Sr. Marqués de Montevirgen.		**𝓑**
Leon.........	D. Fernando Banciella.	𝓑	**𝓕**
	D. Segundo Sierra.		**𝓟**
Cremones...	D. Pedro Fernandez.	𝓕	**RD**
Remolino...	D. José Fernandez.		
Las Salas....	D. Toribio Carril.	𝓑	
Tegerina...	D. Agustin Escanciana.		
Lario.........	D. Manuel Alvarez.	𝓐𝓑	
Quintanilla	D. Rodrigo Diaz.		
Salientes....	D. Gabriel Castillo.	⊕	

	D. Joaquin Diez.	
Murias de Paredes...	D. Juan Tomé.	
	D. Andrés Martinez.	
	Paradas del Estado.	

PROVINCIA DE OVIEDO.

CRIADORES QUE EXISTEN.

	D. Antonio Casas.	
Oviedo......	D. Juan Conde.	
	Paradas del Estado.	

PROVINCIA DE ZARAGOZA.

CRIADORES QUE EXISTEN.

Sobradiel...	Excmo. Sr. Conde de Sobradiel. . . .	
Sádava......	Excmo. Sr. Conde de la Rosa. . . .	
	D. Gregorio Cortés.	
Un Castillo.	D. Mariano Monquilan.	
	D. Hipólito Fuentes.	

Luesia........ D. Juan Aragües. . . . . H

Paradas del Estado. . . . .

PROVINCIA DE HUESCA.

CRIADORES QUE EXISTEN.

Canfranc....

D. José Esquerra. . . . . £

D. Pedro Cuarasa. X

D. Agustin Brun. . . . . ⬧

D. Mariano Monge. . . . . . . ▱

D. Pedro Larrípa. . . . . . . P

Hecho........

Viuda de D. José Ventura . . . . ℘

D. Francisco Cuarasa. C

D. Domingo Boran. . . . . . . F

D. Francisco Antonio Lagraba. . . . ɲ

Viuda de D. Mariano Gaston. . . . . ŋ

Ansó..........

D. Francisco Aznar. . . . . .

D. Francisco Gaston. . . . . . . ⵥ

D. José Aznares. . . . . . . ⵞ

	D. Agustin Brun.	
	D. Santiago Mendiare.	
	D. Miguel Navarro..	
	D. Javier Brun.	
Ansó.........	D. Miguel Lopez.	
	D. Francisco Aznares.	
	D. Martin Aznares.	
	D. José Brun.	
	D. Genaro Brun.	
Liresa........	D. Agustin Navasal.	

PROVINCIA DE LÉRIDA.

CRIADORES QUE EXISTEN.

Bretin........	D. Agustin Aites.	
Cubeni.......	D. Jaime Canut.	
Pajall.........	D. Jacinto Portilla.	
Olpt........	D. Juan Mesull.	
Altron........	D. Francisco Antonio de Moner. . . .	
	D. Agustin Cerqueda.	

Alós......... {
D. Juan Casimiro. . . . .
D. Manuel Castellar. . . . . . .
D. Miguel Gallort. . . . .
}

Yril........... {
D. Francisco Sampan. . . . . .
D. Manuel Borado. . . . . . .
D. Francisco Ramoniche. . . . .
}

Barruera.... Viuda de D. Agustín Farsia. . . . . .

Fer de Alós. {
D. Pedro Arnalot. . . . . . .
D. José Abadía. . . . . . .
}

Vilaller...... D. Antonio García. . . . . .

Puente de Suert......... } D. Antonio Sacera. . . . . . .

Piñana....... D. José Perucha. . . . . .

Erdo.......... D. Domingo Canut. . . . . . .

Eril Caste- llas............ } D. José Fastre. . . . . . .

Eril Castell. D. José Avilés. . . . . .

Lleps......... D. Ramon Farre. . . . . . .

Eril Abal.... D. Fernando Canut. . . . . . .

Montennay. D. José Canut. . . . . . .

Castillo de Tor............ } D. Manuel Espot. . . . . . .

C G O A B M Q T V S

S S F A P G F A

ÍNDICE ALFABÉTICO

DE LOS PUEBLOS QUE COMPRENDE ESTE CATÁLOGO.

CRIADORES QUE EXISTEN.

CRIADORES QUE HAN DEJADO DE SERLO.

ERRATAS.

En la página 190, primera columna, línea segunda, dice *Marmaleda y Matarredonda*, debiendo ser **Marinaleda y Matarredonda**.

Y en la misma página, segunda columna, línea 6, dice *Huesca*, debiendo decir **Huelva**.

Bound by Rivière

CPSIA information can be obtained
at www.ICGtesting.com
Printed in the USA
LVHW081143230222
711809LV00005B/198

9 780341 128946